許地山的道教史

流派分歧與思想探究

許地山 著

道家思想起源、各流派發展歷程、
思想家學術剖析、核心觀念解讀，
從道教的發展史來一窺其歷史哲學的精髓，

揭示人與萬物相得的精神和道教在歷史發展中的脈絡！

目錄

第一章　道底意義

道士們用「道」字來稱他們底宗教，所以在講道教以前，當先把道底意義略為述說一下。固然，一切名辭都有它底原本意義和以後發展底解釋意義。道底原本意義只是道路，是人所行底道路。到春秋以後，「道」字才附上玄學底意味，因而產出許多解釋。最初底解釋是宇宙依以執行底軌則便是道，凡宇宙間一切底現象都是道底示現。現象底道是從創造以至化滅底歷程，用現在通用底術語便是時間與空間，但在古道家底名辭裡便叫做「造化」。造化也就是道底異名。道底威力非常地大，萬物若果順應它便是有造化，就是說，萬物生滅底程式不亂，各依著應歷底途程，該生底時候生，該滅底時候滅，彼此該發生關係底時候發生關係，該互相拒絕底時候互相拒絕。天災人患便是沒造化。不當病而病，不應老而老，不該死而死，便是沒造化，便是無道。順應是很要緊的，所以說，「天地以順動，放日月不過而四時不忒。聖人以順動，則刑罰清而民服」。無論道儒，都把這道看為得之則生失之則死底至寶，自然與人間一切底活動都離不了它。

《易經．繫辭》（上）裡載著「一陰一陽之謂道」，若依這意思把道分析起來，便成天道與道地。《易經．說卦》說：「立天之道，曰陰與陽；立地之道，曰柔與剛。」陰陽是屬於性的，柔剛是屬於質的。合性與質便是整個底道。至於說，「立人之道，日仁與義」，乃是屬於事的、為的，或可以說是道示現於人間底活動狀態。人道比起天地之道實在算不了什麼，不過是對於大道為很渺小的模仿而已。

道家與儒家所講底道底不同處，在前者所注重底是陰陽柔剛之道，後者是仁義之道。儒家也承認人是「共天地之德；」是「與天地合其德，與日月合其明，與四時合其序，與鬼神合其吉凶。」所以在《莊子．漁父》裡假託孔子底話說：「道者，萬物之所由也。庶物失之者死，得之者生。為事，逆之則敗，順之則成。故道之所在，聖人尊之。」仁與不仁，義與不義，是對於道底順或逆底行為，儒家所注重底只在這一點上，所以只講人道。子貢說，「夫子之言性與天道不可得而聞」，這或者是因為孔子看天道近乎神，所以不說罷。防論語》裡所講底道多半是屬於人的。我們也可以說儒底所謂道多從軌則方面看，道家就多從理性方面看。雖然如此，道儒二家都承認順應天道為善，好像天道是有意志或能感應底存在，簡單地說，也可以稱它為天或天地。《老子》說：「天道無親，常與善人。』與仲經．湯法》「天道福善禍淫」底口氣一致。《老子》這句雖不能認為與道家思想相合，但也可以看為後來道家底意見。可知感應底思想是儒家與以後底道家共同底見解。關於道底意義，以後還要說到，且略於此。

在道教建立以前，古代思想家已經立了多門底道說，其中最重要而與道教有關係底是倡唯道論底道家。

道家在思想發達底順序上應當是比儒家晚。上面所說儒道二家對於道底見解和注重點不同便是因為道家要超出人道來建立道說。儒家見周室衰微，禮樂崩廢，極望著把它們復興起來。道家以為禮樂崩廢不是大事，最要底當是順應自然之道。儒家稱堯舜，道家便假託二看以前底黃帝。司馬遷在《史記．自序》裡引司馬談述道家底話，說：「其為術也，因陰陽之大順，採儒墨之善，撮名法之要。」這都可以看為道家後於儒家底徵驗。

第二章　道家思想的建立者老子

因為道家思想是後起的，所以「道家」這名辭比起「墨者」、「儒家」等也可以說時代稍後。在先秦底文籍裡有以孔對墨稱『孔墨』，或稱『儒墨』，但沒有稱『儒道』底。《史記》（卷五十六）《陳丞相世家》記陳平底話說，「我多陰謀，是道家之所禁」，這雖可以說「道家」底名稱在漢初已有，但所指是否限於老莊之學，卻很難說。《史記．太史公自序》所載司馬談之說和《儒林傳》都以這學派為「黃老之術」；《莊子傳》稱為「老子之術」；《韓非傳》稱以「黃老」；《陳丞胡世家贊》稱為「黃帝老子之術」；《曹相國世家》稱為「黃老術」；《淮南子．要略篇》稱為「老莊之術」。可知當時「道家」底名稱不很流行。然而在戰國末年，《老子》以來底道家思想幾乎瀰漫於學人中間，漢初所稱底道家，也許可以看為老莊之術底成分很多罷。至於稱「黃老之術」，是因為秦漢間老子學說與鄒衍底陰陽說混合起來以後底名稱。陰陽家推尊黃帝，為當時「學者所共術」，其說尤能與道家對於事物消長順逆之理想參合。於是黃帝也成為道家所推崇底人物了。固然在《莊子》裡也說過黃帝，不過不像陰陽家把他說得那麼重要而已。道家思想底承繼和變遷不很明瞭，把現存底《老子》和《莊子》底內容比較一下，想能夠得著多少斷定。

甲　老子是誰

老子到底是誰，或謂沒有這人，最近來發生底問題。在解答這問題時，隨即要回答《老子》是誰底著作。日本津田左右吉先生以為老子是烏有先生一流底人物。②他說在《史記．老子傳》裡所記老子底事實極不明瞭，一會說是老萊子，一會說是周太史據，一會又說他是李耳。可知司馬遷時代，老子是誰已有異說，而其中最有力的說法是以老子為老觀。《韓非子．六反篇》引《老子》第四十四章底文句，稱為老耼之言。被疑為漢代作品底柱子．天下篇》有一半見於《老子》；《寓言篇》也引用《老子》第四十一章底文句，所謂老子即是老聰。《淮南．原道訓》引《老子》第四十三章底文句；《道應訓》引第十四章底文句，也記老腑之言。老腴底名字屢見於《莊子》和《呂氏春秋》裡頭，可見他是當時為一派底學者所推崇，因為稱之為老子。但老胞究竟是誰也不得而知。

崔述在《誅泗考信錄》（卷一一裡也說：「老胭之學，經傳未有言者，獨記載《曾子問篇好子論禮頻及之，然亦非有詭言異論如世俗所傳云云也。戰國之時，楊墨並起，皆託古人以自尊其說。儒者方崇孔子，為楊氏說者因託清老眲以礎孔子；儒者方崇堯舜，為楊氏說者因託黃帝以詘堯舜。以黃帝之時，禮樂未興，而老脫隱於下位，其跡有近似乎楊氏者也。今《史記》之所載老耿之言皆楊來之說耳。其文亦似戰國諸子，與《論語》。《春秋傳》之文絕不類也。」

主張老子為歷史人物比較地多。馮友蘭先生以為李耳實有其人，而老眲底有無則不得而知。司馬遷誤以老響與李耳為一人，故夾雜了許多飄渺恍繞之談。《道德經》為老子所造，只為隱自己底名字而稱為老眠之書。或者李耳之書本名《老子》，表明是一長老人所著，如《漢書．藝文志》中道家有卿長者》，陰陽家有《南公》，農家有《野老》，《樂毅傳》裡底河上大人，「老子」猶言「長者」，「丈人」，皆長老之通稱；以《老子》名書，猶《野老》等之例。但今所有之《老科亦曾經許多次新增修改，不能必謂成於一人之手。日本武內義雄先生也和馮先生一樣，用《史記》所載老子子孫底系譜來做老於曾生於人間底根據。所不同者，他認老眲便是老子。《史記》記老子為孔子底前輩，就當紀元前五百年前後底人物，而在傳後又載老於以下八代底子孫，說假仕於漢孝文帝，假於解為膠西王印太傅，因家於齊。膠西工死於漢景帝三年（西紀前一五四），今以三十年為一代推算起來，從西紀前一百五十四年上推二百四五十年老子便成為西紀前四百年前後底人物。這與孔老會見底傳說底年代相差約一百年。司馬遷採用俗說，以老子壽長百六十歲或二百餘歲，表面雖可免於矛盾，但這樣長壽，於事實上恐怕不能有。孔老會見底事情恐怕是出於老莊後學所揑造。至於老子子孫底系譜，《史記》以外底文獻全然沒有。司馬談曾從黃生學道家之說，可知這種記載是依據黃生所傳底材料得來底。但司馬談是景帝時人，與系譜中最後一人同時，所以從老子底子孫直接說出也很可能。《史記》載老子底子孫為：

老聃—宗—注—宮—〇—〇—〇—假—解

此中老子之於家為魏將，封於段干，《史記．魏世家》及《戰國策》都記魏將段於崇底名字，日本如齊藤拙堂請人以為便是老子之子宗，恐怕還是宗之於孫較為適宜。但這些說法都沒有充分的證據，不能執為定論。武內先生以為老子當與子思。墨翟同時，優培雅說到他也是當然的事。

至於孔子問禮於老子底事，若把《曾子問》與《史記．老子傳》比較起來，便知二者底思想不同。若依《老子》（三十八章）「失道而後德，失德而後仁，失仁而後義，失義而後禮。禮者忠信之薄而亂之首。……」他可以理會老子也是楚狂、長沮、梁溺一流的人物，豈是孔子所要請益底人？孔老相見底傳說想在道家成派以後。在《呂氏春秋．二月紀．當染篇》裡有孔子學於老聃底記載，問禮底傳說大概是從這裡來底罷。《史記．孔子世家》對於孔子問禮底事也用懷疑的語氣，說：「適周問禮，蓋見老子雲。」可見司馬遷也不信孔子與老子有何等真切的關係。

將老聃和孔子放在同時代最古的文字是《呂氏春秋》與《莊子》。《呂氏春秋》是戰國末年底書，莊子記孔老底那幾篇也幾乎是與這書同時。在《呂氏春秋》以前，沒有孔老相見的說法，可見這是道家得勢後的附會。

老子思想與孔子思想是建立在對抗的地位上，《莊子》中關於孔老問答底那幾篇便是本著這點寫成的。所謂「楚人」，是因道家思想起自南方。儒家思想是北方所產。北方的堯、舜。禹、湯、文、武、周公、孔子之道與南方黃帝、神農、許由、老子之道相對抗。戰國末年，南方與道家思想有密接關係，所以唱行道家底宗師多被定為南方人。如《呂氏春秋．慎行論．求人篇》載許由生於「沛澤之中」，《孝行覽．慎人篇》又說他是穎陽人。《孟子》所說神農之道，也是在楚國盛行底。稱老子為楚人，本不必限於楚國本境，因為戰國末年，南方諸國都稱為楚。

關於老子的鄉里，《史記》說是楚，苦縣厲鄉曲仁里，而《莊子．天運篇》及《寓言篇》都說老聃是沛人。《史記》說老子出關，莫知所終，而《莊子．養生主》卻記載老子死底故事。今本《史記》說老子「姓李氏名耳，字伯陽，謚曰聃」。《索隱本》載「名耳字聃」，而無字謚。以李為姓，《正義》與《索隱》底說明都是神話，為什麼名聃，也沒有的解。《漢書．藝文志》「老於鄰氏經傳四篇」往說，「姓李名耳」，恐怕以老子為姓李是劉向父子底時代流行的說法。《呂氏春秋．仲春紀．當染篇》「舜染於許由、伯陽」句下，高誘注說：「伯陽，蓋老子也，舜時師之者也。」時代越後，老子所授底徒弟越古，越到後來，他便成為開天闢地以前底神靈了。以伯陽為老子底字，葛洪底《神仙傳》是本於高誘底注而來底。以老子為周守藏室之史底傳說或者本於《莊子．天道篇》，而《孔子世家》採用其說。但《天道篇》所記全是假託，不足憑信。

《技記》又說老子或是老萊子，或是周太史儋。太史儋是秦獻公時人，後於孔子百餘年。他的唯一事蹟見於《史記．周本紀》所說「始周與秦國合而別；別五百載複合；合十七歲而霸王者出焉」，這個是周命將終，秦祚當興底預言，總是出於秦孝公以後底話。司馬遷也不能斷定，所以說，「或曰儋即老子，或曰非也。世莫知其然否。」《索隱》與《正義》都不以老子即太史儋為然。其次，老萊子即老子底說法也不可信。司馬遷自己對於這層也有疑竇，所以用「或曰」底語氣。或者自「或曰老萊子亦楚人也」，至「與孔子同時雲」一段，只明老萊子也是個道家，不一定就是老子。《史記．老子傳》記老萊子著書十五篇（《漢書．藝文志》作十六篇），言道家之用，明示與老子著書上下篇言道德之意是兩個人和兩部不同的著作。老萊子在《楚策》裡是教孔子以事君之道底人；《莊子一齊物論》也記他與仲尼的談話。此外，《大戴禮．衛將軍文於篇》也記他對於孔子的批評。關於老萊於底文獻只此而已。然而《國策》所記只能視為戰國時代底傳說；《外物篇》與《衛將軍文於篇》都是漢代作品，所說無疑是漢人底話。還有劉向底《列女傳》記老萊子七十斑農娛親底故事，恐怕也是小說家言罷。看來，老萊於底名字在先秦時代人知道底很少。老萊子十五篇今不傳，現在僅見於李善《文選注》所引《屍子》底逸文一句，說：「屍子曰：《老萊子》曰，人生天地之間寄也。奇者固也。』代文選》魏文帝《善哉行注》）總而言之，以太史情為老耿，恐怕是像脫同音所致；以老萊子為老子，為楚人，恐怕也是影射者聘或學宗道家而冠以「老」字底罷。冠老字底著作如《老成子》、《老萊子》，多與道家有關，也許是一種稱號。

老子與關尹底關係，依《史記》，《道德經》是為關尹而作。關尹底名見於《呂氏春秋．審分覽．不二篇》，說：「老胭貴柔，孔子貴仁，墨翟貴廉，關尹貴清，子列子貴虛，陳嬌貴齊，陽生貴己，孫胺貴勢，見良貴後。」《莊子．天下篇》也將老子和關尹並稱。可見在戰國末年，關尹學派與其他學派並行，因為貴精。貴虛、貴齊等派與老子底貴柔，很接近，漸次混成道家底派別，老關底關係想是這時代底假託。說老子壽百六十餘歲或二百歲，也是從戰國末年道家養生底思想而來底。

乙　《道德經》

現在的《老子》是否老子底原作，也是一個問題。《漢書．藝文志》載《老子鄰氏經傳》四篇，《老子傅氏經說》三十七篇，《老子徐氏經說》六篇，劉向《說老子》四篇，可惜現在都見不著，無從參證。從經內底章句與思想看來，因為矛盾之處甚多，故可以斷定其中必有許多後加的文句。如果現存的《老子般經過後人增改，在文體上應當首尾一致，但其中有些章句完全是韻文（如第二十一章），有些完全是散文（如第六十七章），又在同一韻文裡，有些類似騷賦，有些同於箴銘；同一散文，有些是格言，有些是治術，甚至有些國人經注。僅僅五千文底一小冊，文體便那麼不一致，若說是一個人一氣寫下來底，就未免有點牽強。《史記》說，老子著書「言道德之意五千餘言」，從現存本看來很難說與漢初底本子相同，有許多可以看為漢代加入底文字。如《莊子．天下篇》所引老聃之言：「人皆取先，己獨取後。」『受天下之垢，人皆取實，己獨取虛。無藏也，故有餘。巋然而有餘，其行身也，徐而不費。無為也，而巧笑。人皆求福，己獨曲全。」「苟免於咎，以深為根，以約為紀。」「堅則毀矣，銳則挫矣。常寬容於物，不削於人。」這些文句都不見於現存的《老子》。其他如「知其雄……」，「知其白……」，「受國之振」，「曲則全」，「深根」，「挫其銳」，則散見於今本《老於》，但表現法和思想多與今本不同。這大概是由於引用者底誤記，或傳誦間所生底訕訛吧。或者今本《老子》是取原本一部分的文句，加上輯者以為是老子底話而成，故此現出許多斷片的格言。漢代著作所引底《老子隊乎都與今本不同。如《韓非》底解老》、捕者》，雕南》底《道應訓》、視道訓》、特俗訓《詮言訓》認間訓X韓詩外傳》入史記·貨殖傳》中所引底《老子》，只有《解老》中底一句是今本所存底。可知今本是後改底本子，不是原本。

從思想方面看來，今本《老干》有許多不調和底地方。如六十七章所立底「三寶」不能與排斥仁義禮名底態度相融洽。不重視善惡區別底道家思想，也不能與七十九章底「天道無親，常與善人」相調和。「取天下」（二十九，四十八，五十七章）也不與崇尚無為底見解一致。五十四章底子孫祭掃、列記鄉國天下，生死、攝生（五十章），長生久視（五十九章），兵（三十及六十九章），「立天子，置三公」（六十二章），「聖人用之，以為官長」（二十八章），簡直不是道家底話。又眾人與我底分別（二十章），天道與人道底對舉（七十七章），都與說柔弱，說退，說屈等精神不和。這些都可看出《道德經種所表示底思想底混雜。再進一步考察起來，老子底根本思想，在《道德經》中也有與它衝突之處。拿「失道而後德」（三十八章）來和「孔德之容，唯道是從」（二十一章）與「道者同於道，德者同於德」（二十三章）比較；「上仁為之而無以為，上義為之而有以為」（三十八章）與「大道廢，有仁義」汲「絕仁棄義，民復孝慈」比較；五章底「天地不仁」以下幾句與四十九章底「善者吾善之，不善者吾亦善之」，「善之與惡，相去何若」（二十章），「天下皆知善之為善，斯不善已」（二章），「善，人之寶杯善，人之所保」（六十二章）比較起來，不能不說彼此痛矛盾處很多。

今本《老子》有些地方夾入俚諺，有些是引用它書底文句。如「曲則全」（二十二章）之後，便說「古之所謂『曲則全』」，是用古諺底證據。八十章底「甘其食，美其服，安其居，樂其俗，鄰國相望，雞犬之聲相聞，民至老死不相往來」，也見利在子．膚筐篇》。十三章底「故責以身為天下，若可寄天下；愛以身為天下，若可託天下」，與拉子．在有篇猢同。恐怕是輯《老幹》底人改竄《莊子》而來底。

又如「善者不辯，辯者不善」（八十一章），是戰國末年流行底辯者所說，在老子時代恐怕也不能有。又三十六章「將欲翕之，必固張之」等句明是一種方略，與主張虛靜無為底老子思想全然不同。這文句在《戰國策》與《韓非子》中同說為引《惆書》之文。所謂《周書》即《惆書陰符》，或《太公陰符》，為陰謀家與縱橫家所尊崇底經典。這些文句是陰謀家言羼入《老子》裡頭。又，十八、十九兩章底仁義等句，明是反對高唱仁義底儒家。孔子雖常說仁與義，卻未嘗把仁義連起來成為一個名辭。仁義是孔子以後底儒家術語。孟子力說仁義，然而《孟子》全書，並沒提到這排斥仁義最力底老幹。如果《老子》之說為當時所流行底，孟子不能不攻擊他。這章恐怕是孟子以後之文。在道家系統中，與這章最相近底主張是法家慎到底說法，恐怕也是慎子一派之言竄入《老子》裡頭底。這樣看來，今本《老子》直像一部從多方面選錄底道家教科書，思想與文體都呈混雜的狀態。最低限度，也可以說是原本《老子》底增改本。在《論語》及《孟子》裡，我們可以看見孔、孟底人格活躍在紙上；在《道德經》中卻不能找出老子底真性格，所以懷疑老子不是歷史人物也未嘗不可。

然則《道德經》原本底作者及其時代是否相傳底老子又是另一問題，津田先生以為從《荀子．無論》對於老子底批評「老於有見於破，無見於信」看來，這書當成於《孟子》以後，《荀於》以前，作者大約是西曆紀元前三百年左右底人物。武內先生以為老聃是西曆紀元前四百年前後底人物，而隨德經》當成於紀元前二百四十年頃。老子以後面數十年間，其思想傳授底歷程不得而知。現存《老幹》裡底有韻部分大概比其餘散文部分較古。《荀子．解蔽篇》中有「《道經》曰：人心之危，道心之微」底引文。《道經》這名字，暗示著在荀子時代道家底書不止《老子》一部。再者，當時道家不但有像儒家底經，並且也有傳。《荀子．修身篇》引「《傳陶，君子投物，小人役於物」一句，與《莊子．山木篇》「物物而不物於物」底見解相同，可知這所謂「傳」，是道傳。《解蔽篇》有「虛一而靜」、「至人」、「無為」，《禮論》中有「太一」等辭，都是出於道書底。在《老子》裡沒有「太一」、「至人」。《莊子．天下篇》敘關尹、老響之道，說：「建之以常無有，主之以太一。」這名辭後來屢見於《呂氏春秋》（《仲夏紀．大樂》、《審分覽》諸篇）。「至人」這辭見於《莊子．逍遙遊》：「故日至人無已，神人無功，聖人無名。」《老於》中只有「聖人」，故《解蔽》所用底「至人」是從以前的道書得來底。販子》中底「放日」底下底文句多是引用早期的道書。可知在現存的《老子》未被修輯以前當有許多別行底道家經籍。《列子．天瑞篇》「穀神不死」一段是今本《老子》所載，而書卻冠以「黃帝書」底名稱。同篇別段也有這名字。又《力命篇》及《莊子．知北遊》底黃帝之言亦見於《老子》。當時的道書多半是佚了，只剩下些被採入《老》、《莊》等書底引句。開啟《老子》底時候，讀者當注意到這一層。

丙　老子底思想

從現存《老子》看來，通篇首尾，除掉十篇左右以外，都是說明治天下與處世底法術。其中所謂「道」、「德」、「虛靜」、「得一」、「無為」、「無慾」、「不爭」、「自然」、「柔」、「損」等都不外是政治底方術，成功和保全身命底道理。

它含有很濃厚的法家思想，恐怕是法家底學者將道家底《老子》原本改訂底。《莊子．天下篇》評論周末諸子之學：一論墨翟、禽滑整，二論來研、尹文，三論彭蒙、田驕、慎到，四論老觀、關尹，五論莊周。《天下篇阿以看為《莊子》底跋，作者把莊子放在五派底末了，可知為莊周底後學所作。作者評老、關底學說說：

以本為精，以物為粗，以有積為不足，淡然獨與神明居。古之道術有在於是者，關尹、老耿聞其風而說之。建之以常無有，主之以太一，以懦弱謙下為表，以空虛不毀萬物為實。

關尹曰：在已無居，形物自著。其動若水，其靜若鏡，其應若響。荷乎若亡，寂乎若清。同焉者和，得焉者失。

未嘗先人，而嘗後人。

老耿曰：知其雄，守其雌，為天下路。知其白，守其辱，為天下谷。人皆取先，己獨取後。曰：受天下之垢。

人皆取實，已獨取虛。無藏也，故有餘，巋然而有餘。其行身也，徐而不費，無為也而巧笑。人皆求福，己獨曲全。

曰：苟免於咎，以深為根，以約為紀。曰：堅則毀矣；銳則挫矣。常寬容於物，不削於人，可謂至極。

關尹、老耽乎，古之博大賓人哉！

這裡所引老聃之言和現今的《老子》不甚一致，作者大概是師承莊周所傳底老耽底話；至於今本《老子》或者是師承法家學者所傳底老子底話。從這兩派底異傳，我們可以推測老子思想底原型。《天下篇》所傳可以說是正統道家底思想。正統道家思想底出發點在辨別存在現象底精粗。存在底本體是精的，現象是粗的。凡是體積底事物都不足以當道底本體，所以獨要淡然向著超體積底神明去求。這神明便是本。本即是常恆不易而超乎現象底無。從產生萬物底功能說，便名為有。有萬物底實體本是虛空無有，所以存於萬物中間而不毀萬物。因為萬物底本性不毀，人生不能有何等造就或改革、或毀壞。所以處世資乎順從、無為、懦弱、謙下。這些話，歸納起來，不過兩端，一是玄學方面底太一論，一是實用方面底謙弱論。

老脫、關尹以現象底本體為太一，「常無有」來說明。「太一」不見於今本老子。在今本中只有「大」（第二十五章）與「一」（第十四、三十九、四十九章）。太一底最早的解釋，當以《呂氏春秋．大樂篇》「道也者，至精也，不可為形，不可為名，強為之，謂之太一」這一句為最近於老胭底意思。太一便是道底別名。今本《老子》第二十五章，俗名這先天地生底物回道、曰大，和《大樂篇》強名之為太一底說法很相同。又，今本《老幹》第三十九章所要得底「一」與第十章所要抱底「一」，都是指道而言。老胞、關尹舉出「常，無，有」三個字來說明太一，今本《老子》第一章解不可道之道為常，天地之始為無，萬物之母為有，可以參照。

老觀、關尹底謙弱論在《天下篇》所引比較地詳明。關尹說：「在已無居，形物自著。……得焉者失。未嘗先人，而嘗隨人。」老胭說要守雌、守辱、取後、取虛、無藏、無為等。這些是他底處世金針，和今本《莊子》底意思相同。謙弱論底大意是以為道底執行，在感覺中只見相對的現象，如今本《老子》第二十九章說，物是或行或隨，或改或吹，或強或羸，或培或墮；又如第二章所說，有無相生，難易相成，長短相形，高下相傾，音聲相和，前後相隨；又如第五十八章所說底禍福相倚伏。大道在執行底歷程上必有這種相對的現象，世人若偏執一面，如執有舍無，就易避難，捨短取長，乃至惡卑好高，趨福避禍。都能使人生陷於不安，競爭從此而起，災難從此而生，直至把道失掉。謙弱論便是對這些有對的和積極的見解所下底方藥。

以上是對於老、關學說底本來面目底推測，若依今本《老子》，我們便能夠了解得詳細一點。但要注意它是法家的道學。今本《老子》也偏重處世一方面底方術，對於道底本質也談得不詳盡。現在將其中底道論與人生論分析在下面。

丁　道論

《老子》底道論是全部思想底根據。道可以從兩方面看，一是宇宙生成底解析，二是萬物本性底說明。第十四章說：「視之不見名曰夷，聽之不聞名曰希，摶之不得名曰微。此三者不可致詰，故混而為一。其上不皦，其下不昧，繩繩不可名，復歸於無物。是謂無狀之狀，無物之象。是謂恍惚。」第二十一章說：「道之為物，唯恍唯惚。俯兮恍兮，其中有像。恍兮腐兮，其中有物。窈兮冥兮，其中有精。」第二十五章說：「有物混成，先天地生。寂兮寥兮，獨立不改，周行而不殆，可以為天下母，吾不知其智，字之日道。」道是感覺器官不能完全理解底實體，所以名之為恍館。宇宙底生成是從道而來。第四十章說：「天下萬物生於有，有生於無。」元，依上頭）意思是道底別名，不過今本《老子》已將有、無、一、萬物，排成次序了。所以四十二章說：『隨生一，一生二，二生三，三生萬物。」道是萬物底混飩或恍格狀態。一是成了形質底最初元。二是陰陽。三是陰陽開展底最初狀態，從此以後，便成為繁複的物。書中所謂「無狀之狀，無物之象」（十四章），「有物」、「有像」（二十一章）都是說明從渾飩生出萬物以前所含底生成底能。《老子》只說明生底現象，卻沒說明怎樣生法。大概作者只認定有一個內在的道為宇宙本體，一切不能離開它，它是一切事物底理法和準則。所以說「以道蒞天下，其鬼不神」（六十章）。又說「了善若水。水善利萬物而不爭，處眾人之所惡，放幾於道」（八章）。人生當以這自然存在底道為準則，然後能得安寧。在這裡，不能不把道底本性指示出來。「道常無為，而無不為。」（三十七章）「生而不有，為而不待，長而不宰，是調立德。」什章）「致虛極，守靜篤，萬物並作，吾以觀復。夫物芸芸，各復歸其根。歸根回靜，是謂覆命。」（什六章）看來，萬物底本性是不有、不恃。不宰、致虛、守靜。總而言之，它是有生底程式，卻沒有生底慾望；有養育底德，卻不居其功。第三十四章說：「大道把兮，其可左右。萬物恃之而生而不辭，功成不名有，衣養萬物而不為主。常無慾，可名於小。萬物歸焉，而不為主，可名為大。以其終不自為大，故能成其大。」道底本性既然如此，從它產生底萬物也不能不同。因此人也當隨著這個準則去過日子。

宇宙生成底說明在先秦底文獻中沒有詳細的記載。儒家底典籍更不談這個。古代中國所注重底知識只在與人間有密切關係底道德、政治、處世、立身等等上頭，至於宇宙如何生成，卻沒人注意到。《淮南子．天文訓》載：「天裡未形，馮馮翼翼，洞洞偏偏，故日大昭。道始於虛霸，霸生宇宙，宇宙生元氣，元氣有涯垠。清陽者薄靡而為天，重濁者凝滯而為地。清妙之合專易，重濁之凝渴難。故無先成而地後定。」這是後來的道家知識進步了，對於天地剖判底程式才有清陽為天，重濁為地底說明。「天地剖判」初見於《史記．孟子荀卿傳》引鄒衍底話，恐怕最初注視這個問題底是陰陽家。到吳時徐整底《三五歷記》便有「未有天地之時，混飩狀如雞於」和盤古開天闢地底神話，這也許是南方底傳說或印度金卵化生說底傳入。老子底宇宙生成底見解，是從陰陽家得來底。

其次，在《老子》裡也有幾處說到天道。天在中國是支配人生底尊體，是宗教崇拜上底最高對象。《尚書》屢言天命，《論語地常見天。對於天底理解純是依於人間生活，擬之為人。故天有意志，有感情，能激受人間底祭掃。天命是超乎人間能力所能左右底命運，宇宙間所以有秩序，便是因為有了它。但宇宙並非無所創造，乃是自然生成。這生成底力是天之德。天底思想到孟子時代已很發達，但儒家不會太重看天命，只以它為宇宙一定的法理。《論語．公治長》記夫子之言性與天道不可得而聞；孟子說誠是天道，思誠是人道，人所重在人道，因它含有倫理的意義。《老子埋底天是自然、無為，所以說，「不出戶，知天下；不窺隔，見天道」（三十九章）。又說，「天道其猶張弓乎！高者抑之，下者舉之，有餘者抑之，不足者補之。天之道報有餘而補不足。人之道則不然，損不足以奉有餘」（六十四章）。又「天之道不爭而善股，不言而善應，不召而自來，坦然而善謀」（六十一章）。這些都是以天道為至公無私，不求自在，不為自成底意思。放說，「治人事天莫如嗇」（五十章）。「人法地，地法天，天法道，道法自然」（二十一章）。也是指明一切都是取法自然底意思。

戊　人生論

《老子》底人生論是依據道底本性來說明底。這也可以從兩方面來說明：一是人生底歸宿，一是生活底方術。人生底歸宿屬於歷史哲學底範圍。《老子》所主張底是一種尚古主義，要從紛亂不安的生活跑向虛靜的道。人間的文明從道底觀點說來，是越進展越離開道底本性。第十八章說：「大道廢，有仁義；智慧出，有大偽；六親不和，有孝慈；國家昏亂，有忠臣。」十四章說：「執古之道，以御今之有，能知古始，是謂道紀。」又，第三十九章說：「昔之得一者，天得一以清；地得一以寧；神得一以靈；谷得一以盈，萬物得一以生」，乃至「侯王得一以為天下貞」。這樣崇尚古昔，所謂仁義、智慧、忠孝等，都是大道廢後的發展。古昔大道流行，人生沒有大過大善、大智大愚、大孝大慈等等分別。所以要「絕聖棄智」，使「民利百倍」。「絕仁棄義，使民復孝慈」（十九章）。古時沒有仁義、忠孝、智慧等名目，卻有其實；現在空有其名，卻是離實很遠。

《老子》底歷史哲學既然是一種尚古主義，它底生活方術便立在這基礎上頭。生活方術可以分為修己治人兩方面。修己方面，《老子》所主張底，如第十章所舉底「玄德」，乃至不爭、天尤（八章），任自然（十七章），尚柔弱（三十六、七十八章），不以身先天下（七章），知足、知止（四十四章）等都是。崇尚謙弱，在修己方面固然很容易了解，但在治人方面，有時免不了要發生矛盾。《老子》底歷史觀並不徹底，所以在治人底理論上也欠沉重。因為道是無為，放說「我無為而民自化」（五十七章），『任人無為，故無敗」（六十四章）。一個統治天下底聖人須要無慾、得一（三十九章），「常使民無知」（三章）。此外還要排除名言，棄組智慧。三十二章說：「道常無名，樸雖小，天下莫能臣也，侯王若能守之，萬物將自賓。」又二章說：「聖人處無為之事，行不言之教。」六十五章說：「民之難治以其智多。故以智治國，國之賊。不以智治國，國之福。」這些話說得容易，要做得成，卻是很難。我們說它底不沉重便在這裡。取天下與治天下便是慾望所在，也必得有所作為，這樣，道底本性所謂無慾無為從那裡實現出來呢？若說，「無為而無不為」，無不為說得通，無為便說不通了。治天下既不以仁義禮信，一切都在靜默中過活，如果這個便是無為，那麼守靜底守，致虛底致，抱一底抱，得一底得，乃絕仁棄義底絕底棄，算為不算呢？

又，治天下即不能無所作為，儲存生命即不能無慾。總而言之，《老子》底人生論在根本上不免與道相矛盾。這個明是講治術底法家硬把與他不相乾底道家所主張底道論放在政治術裡所露出來底破綻。假如說《老子》裡所指底道應作兩面觀，一是超乎現象，混混飩飩底道，或根本道；一是從根本道所生，而存於萬物當中底道，或變易道，那麼這道底兩方面底關係如何，也不能找出。

人生底根本慾望是生底意志，如果修已治人要無慾無為，就不能不否定人間，像佛教一樣，主張除滅意志和無生。現在書中找不出一句含有這種意義底句子。《老子》也含有中國思想底特性，每一說理便是解釋現實、生活底直接問題，不但肯定人生，並且指示怎樣保持底方術。人底本性與道底本質底關係如何，《老子》一樣地沒有說明，甚至現出矛盾。如五十六章「知者不言，言者不知」是書中最矛盾的一句話。知者和言者都是有為，不言可以說是無作為，不知卻不能說是無為。既然主張無為，行不言之教，為什麼還立個知者？既然棄知，瞎說一氣，豈不更妙！大概這兩句是當時流俗的謠諺，編《老子》底引來諷世底。《老子》中這類矛盾思想大抵都含著時代的背景。編者或撰者抱著反抗當時的文化、道德和政治。在那時候，人君以術；臨民，人民以智巧相欺，越講道德仁義，人生越亂，於是感到教育無功，政治無效，智慧無利，言說無補。在文化史上，這種主張每出現於社會極亂底時代，是頹廢的、消極的。這種思想家，對於人生只理會它底腐敗的、惡的、破壞的和失敗的方面，甚至執持詭辯家或爆笑怒罵底態度。他對於現實底不滿常缺乏革新底理想，常主張復古。這可以叫做黑暗時代哲學，或亂世哲學。

亂世哲學底中心思潮只能溢位兩條路，一是反抗既成的組織與已立的學說，二是信仰機械的或定命的生活。走這兩條路底結果，是返古主義與柔順主義。因為目前的制度、思想等，都被看為致亂底根由，任你怎樣創立新法，只會越弄越壞，倒不如回到太古的樸素生活好。又，無論你怎樣創製，也逃不了已定的命運，逃不了那最根本的法理或道。這思想底歸宿，對於前途定抱悲觀，對於自我定成為獨善主義甚至利己主義。在《老子》裡盡力地反對仁義孝慈，鼓吹反到古初的大道。倫常的觀念一點也沒有，所以善惡底界限也不必分明。第二十章「善之與惡，相去若何？」便是善惡為無分別底口氣。在實際生活上，這是不成的，《老子》裡所說底道儘管玄妙，在實踐上免不了顯出底疏忽和矛盾底原故即在這上頭。不講道德，不談制度，便來說取天下，結果非到說出自欺欺人底話不可。

《老子》底去學也很支離，並不深妙。所說一生二，乃至生萬物，並未說明為什麼這樣生法。道因何而有？欲因何而生？「玄之又玄」塔什麼意思？編纂者或作者都沒說明。我們到處可以看出書中迴避深沈的思索和表示冥想及神祕的心態。佛家否定理智，卻常行超越理智底靜慮，把達到無念無想底境地來做思維底目的。道家不但沒有這個，反要依賴理智去過生活。這樣，無論如何，談不到玄理，只能在常識底範圍裡說一兩句聰明活，什麼「嬰兒」、「赤子」、「侯王」、「芻狗」、「雄雌」。「玄化之門」等等，都搬出來了。這樣的思想只能算是常識的思考，在思想程度上算不了什麼，因為它底根本精神衹在說明怎樣過日子。如果硬要加個哲學底徽號，至多隻能說是處世哲學罷了。

巳　老子底論敵

在《老子》裡雖然沒有引出任何學派底書來加反駁，但從論調推測起來，可以知道它底論敵是儒家。反對儒家，在《老子》以前有楊墨之說，在《老子》裡還可以看出作者也和楊墨同在一條陣線上頭。最顯著的如主張不爭，是墨子底說法；使民至老死不相往來，是楊子為我底又一方面。

《老子》立「無言之教」，明是反抗《論語》、《孟子》底重教思想。《子路》：「既富矣，又何加焉？曰：教之。」「善人教民七年，亦可以即戎矣。」《騰文公上》：「人之有道也，飽食暖在、逸居而無教，則近於禽獸。聖人有憂之，使契為司徒，教以人倫。」《論語》、《孟子》所說底道，如「吾道」（《裡仁》），「堯舜之道」（《公孫丑下》、《離婁上》、《告子下》、《萬章上》），「先王之道」（《滕文公上》、《離婁上》），「聖人之道」（《滕文公上》），「周公仲尼之道」（《滕文公上》），「古之道」北離婁上》）等，都是指示人所立底道，人所建立便是教育。教育底目的在使人成為聖賢，最低也不會去做小人。所以成為賢人君子底條件便是仁、義、禮、智等等美德。《孟子》說：「仁之實，事親是也。義之實，從兄是也。」《老子》對於孝梯，反說「絕仁棄義，民復孝慈」。《孟子》以人有仁、義、禮、智底本性，這便是道。《老子》反對這說法，以為道失而後有仁、義、禮等等違道底教訓。《孟子》裡沒把禮樂連起來，在《老子》裡也沒有提出，它只反對仁義，因為禮樂底主張還是後起，到莊子便加以排斥了。儒家之所謂道就是《老子》底常道。《老子》所立底是超乎常道底道。儒家理想的完人是聖人。能夠設教安民，如堯舜禹湯文武周公孔子，都是聖人，《老子》在這一點上並沒十分反對，只注重在無為而治上頭而已。孟子底王道論也與《老子》底「取天下」底理想很相近，所差底只在不用仁義去取。

重教主義本與性善論自相矛盾。因為人性如果是善，就無須教，任它自然發展就夠了。孟子既然主張性善論，同時又要用仁義來教人，在《老子》底作者看來，實在是不澈底。尤其是像無仁義則與犬牛無別，或逸居而無教則近於禽獸一類底見解，老子以為不必有。善既是自然本性，就無所謂仁義善惡，無須再教。太古時代，沒有善惡之分，仁義之教，人人都像嬰兒，卻不像禽獸。如果孟子只主張保持赤子之心，那便和

《老子》反於嬰兒底見解相同。這便是不言之教，無為而民自化底理想。《老子》裡底聖人是不教，教只有越教越壞。有仁義便有詐偽，因為同是屬於人為，並不是本性。這樣講到極點，勢不能不主張絕聖棄智底嬰兒論。儒道底不同在前者以教化為聖人底作為，後者卻以一切人為的道德標準都足以找賊善性。所以道家底性善論比孟子底更站得住。如果把儒道兩家底性善論分別說出來，或者可以名道家底為性本善論，儒家底是性稟善論。王充說：「孟子作《性善》之篇，以為人性皆善。及其不善，物亂之也。謂人生於天地，皆稟善性。長大與物交接著，放縱停亂，不善日以生矣。若孟子之言，人幼小之時，無有不善也。」稟善論者以為人稟善性，但有染汙底可能，一與物接，必當悖亂，故須以教化糾正它。這實與性惡論沒有什麼不同。本善論者以為善是本然，不須教化，自然而然地會好起來。鵠本來白，怎樣把它染黑了，至終還會返回原來的白；鴉本來黑，怎樣把它染白了，至終還是恢復原來的黑。人性善便是善，教化不能改移它，若把教化去掉就成功了。在《老子》以前，楊墨也排斥儒家，所以孟子也斥楊墨。道家排斥智慧，也是與法家同一陣線。戰國時諸家多以智為違背自然，「絕聖棄智」底理想因此瀰漫，故孟子排解智底原故說：「所惡於智者，為其鑿也。」（《離婁下》）這正是指出道家底見解。

第三章　老子以後底道家

假使老聃是西曆紀元前四百年前後底人物，離他最近的後學應是關尹、楊來和列子。關尹與楊朱和老聃特有關係，可惜他們底著作不傳，我們不能詳知他們底思想。《漢書．藝文志》載《關尹子》九篇底書名，但現存的《關尹子》乃是後人偽撰，並非原書。楊朱底思想只存於《列子．楊朱篇》，他底生平更無從知道。列子底著作，在《漢書．藝文志》有《列子》八篇，但現存的《列子》也不是原本。現在且從別的書上略把這三位底思想述說一下。

甲　關尹子

《史記．老子傳》載老子出關時，關尹問道，老子乃作帊德經五千餘言，他或者是承傳老聃學說底第一代弟子。《呂氏春秋．不二篇》說老、關底學派，以老貴柔，關尹責清，柔與清底區別，單憑一個字，無論如何不能找出。傳為劉間所上原《關尹子序》也沒將書中大意揭示出來，從「章首古月『關尹子曰』四車」至「使人冷冷輕輕，不使人狂」數句，也不能得著什麼意思。收《獻通考》記此序不類劉向文字，恐怕關尹底著作早已佚了。我們從《莊子．天下篇》中可以窺見他底思想底一斑。

以本為精，以物為粗，以有積為不足，活然獨與神明居。古之道術有在於是者，關尹老聘聞其風而悅之。建之以常無有，主之以太一。以懦弱謙下為表，以空虛不毀萬物為實。

關尹自：在已無居，形物自著。其動若水，其靜若鏡，其應若響。荀乎若亡，寂乎若清。同焉者和，得焉者失。

未嘗先人，而嘗隨人。

從這幾句看來，前面「以本為精，以物為租」等句是老、關共主之說，「在已無居，形物自著」等句是關尹底特說。他們同在處世法上立論，而關尹則主以心不為外物所擾為歸。他底學說是清靜說。在《老子》裡也有主靜底文句（三十七章（五十七章），或者關尹是發揚這論點底人。

乙　楊子

楊子底生平更屬闇昧，現在只能從《列子》人莊子》、《韓非子》等書窺見他底學說底大概。《列子．黃帝篇》記楊來於沛受老胭底教。此外，《荀子》底排十二子八《解蔽》，《列子》底《周穆王太《仲尼》、《力命》、《說符》諸篇，《莊子．天下》，《史記．太史公自序》都見楊來底名字。《呂氏春秋．審分覽．不二》有「陽生貴己』底評人孟子八《莊子》也往往有「楊墨」底稱呼。可見他底學說在戰國時代極普遍。雅南．沉淪訓》說：「兼愛、尚賢、右鬼、非命，墨子之所立也，而楊子非之。全性保真，不以物累形，楊子之所立也，而孟子非之。」這話與孟子所記底意義相似。《楊束篇》裡，禽滑法與楊朱底論辯，也可以看出老、關思想與楊子底關係。文裡記著：

楊朱曰：伯成子高不以一毫利物，舍國而隱耕。大禹不以一身自利，一體偏格。古之人損一毫利天下，不與世；悉天下奉一身，不取也。人人不損一毫，人人不利天下，天下治矣。

禽子問楊朱曰：去子體之一毛以濟一世，汝為之乎？
楊子曰：世固非一毛之所濟。
禽子曰：假濟，為之乎？
楊子弗應。
禽子出，語孟孫陽。孟孫陽曰：子不達夫子之心，吾請言之。有侵若肌膚獲萬金者，若為之乎？
曰：為之。
孟孫陽曰：有斷若一節得一國，子為之乎？
禽子默然有間。
孟孫陽曰：一毛微於肌膚，肌膚微於一節，省矣。然則積一毛以成肌膚，積肌膚以成一節，一毛固一體萬分中之一物，奈何輕之乎？
禽子曰：吾不能所以答子。然則以子之言問老聃、關尹，則子言當矣；以吾言問大禹、墨翟，則吾言當矣。
孟孫陽因顧與其徒說他事。

從這利己底論辯，禽子直把楊朱底見解列入老、關一流。他底思想，《孟子》評為「為我」，《目覽》評為「貴己」，在《老子》裡，名與身孰親？身與貨孰多？得與亡孰病？是故甚愛必大費，多藏必厚亡」（四十四章），「聖人自知不自見，自愛不自貴」（七十二章）等等文句都是楊子學說底淵源。人每以楊子為極端的縱慾主義者，但在《楊朱篇》裡找不出這樣底主張。則淮南子．氾論訓》「全性保真，不以物累形，楊子之所立也，而孟子非之」一句看來，楊子底學說只是保全性命而已。

楊朱所以主張保全性命，只因人生不樂，凡有造作，皆足以增加苦痛，不如任其自然更好。《楊朱篇》中揭示他底態度如下。

楊朱曰：百年之壽大齊，得百年者，千無一焉。設有一者，孩抱逮昏老，幾居其半矣；夜眠之所弭，晝覺之所遺，又幾居其半矣；痛疾哀苦，亡失憂懼，又幾居其半矣。

量十數年之中，迫然而自得，亡介焉之慮者，亦亡一時之中爾。則人之生也奚為哉，奚樂哉？為美厚爾，為聲色爾。而美厚復不可常厭足，聲色不可常玩聞。乃復為刑賞之所禁勸，名法之所進退，遑遑爾競一時之虛谷，規死後之餘榮，偶偶爾鎮耳目之視聽，惜身意之是非，徒失當年之至樂，不能自肆於一時，重囚纍梏何以異哉！

太古之人，知生之暫來，知死之暫往，故從心而動，不違自然，所好當身之娛，非所去也，故不為名所勸；從性而遊，不逆萬物，所好死後之名，非所取也，故不為刑所及。

名譽先後，年命多少，非所量也。

同篇又說：

孟孫陽問楊子曰：有人於此，貴生愛身，以蘄不死，可乎？

曰：理無不死？

以新久生，可乎？

曰：理無火生。生非貴之所能存，身非愛之所能厚。

且久生奚為？五情好惡，古猶今也。四體安危，古猶今也。世事苦樂，古猶今也。變易治亂，古猶今也。既聞之矣，既見之矣，既更之矣，百年猶厭其多，況人生之苦也乎？

孟孫陽曰：若然，速亡愈於久生，則踐鋒刃、人湯火，得所志矣。

楊子曰：不然。既生則廢而任之，究其所欲，以俟於死。將死則廢而任之，究其所之，以放於盡。無不廢，無不任，何道遲速於其間乎？

生雖不樂，但故意去找賊性命也不必。人能捨棄貪生好利、愛名羨位底心，便是一個至人。常人受這四事所驅使，所以弄得人生越來越壞。楊朱尤其反對儒家所立底仁義道德，以為那都是戰賊人類本性底教訓。天下之美皆歸於舜禹周孔，天下之惡皆歸於維紂，但四聖生無一日之歡，二凶生有從欲之樂，雖死後有不同的譭譽，究竟同歸於盡，自己一點也不知道。空有其名，於生無補。為人犧牲自己，不過是被名利等所引誘，實在不是人類本性，甚至變成一種虛偽的行為，為人生擾亂底原因。生民之所以不得休息，只在壽、名、位、貨。有這四事才會畏鬼、畏人、畏威、畏刑，因而失掉「天民」底樂趣。所以任自然以全生命，應是人生底理想。

楊朱曰：人肖天地之類，懷五常之性，有生之最靈者，人也。人者，爪牙不足以供守衛，肌膚不足以自捍禦，趨走不足以逃利害，無毛羽以禦寒暑，必將資物以為養，性任智而不恃力。故智之所貴，存我為貴；力之所賤，侵物為賤。然身非我有也，既生，不得不全之；物非我有也，既有，不得而去之。身固生之主，物亦養之主，雖全生身，不可有其身，雖不去物，不可有其物。有其物，有其身，是橫私天下之身，橫私天下之物，其唯聖人乎？公天下之身，公天下之物，其唯至久矣？此之謂至人者也。

楊朱是極端的歡樂主義者，其所謂樂是官能的。生盡，歡樂也盡，生死不能避，當聽其「自生自死」（《力命》），因為「理無不死」底原故。「生非貴之所能存，身非愛之所能厚」，故當於生時盡其歡，榮辱富貴禮義，都要捨棄。這些都是使人不歡底。「生民之不得休息，為四事故：一為壽，二為名，三為位，四為貨。有此四者，畏鬼、畏人、畏威、畏刑，此之謂遁人也。可殺可活，制命在外。不逆命，何羨壽？不矜貴，何羨名？不要勢，何羨位？不貪富，何羨貨？此之謂順民也。』楊來這種思想已改變了道家節慾養生底態度。一般道家以為任官能底欲求，適足以傷生，而他卻無顧忌，視生死為不足輕重。儲存生命是不得已的事，一切享受只求「從心而動，不違自然」，「從性而遊，不逆萬物』便可以。

楊子以後，附和他底學說底很多，走極端底，便流入放縱色食自暴自棄底途徑。《荀子 非十二子篇》所舉底它囂、魏牟，恐怕是楊朱一派底道家。它囂底為人不可考。魏牟為魏公子，西元前三四三年，魏克中山，以其地封他。他底著作《公子牟》四篇，

《漢書它文志》列入道家，今已不傳。《列於．仲尼篇》記他對樂正子輿為公孫龍辯解。《莊子．讓王篇》記他與瞻子底問答，但也不能詳知他底思想。《讓王篇》記：

中山公子牟謂瞻子曰：身在江海之上，心居乎魏闕之下。奈何？瞻子曰：重生。重主則較利。中山公子年曰：雖知之未能勝也。瞎了口：不能白勝，則從神無惡乎。不能自勝，而強不從者，此之謂重傷。重傷之人，無壽類矣。

這一段話也出刊呂氏春秋．審為篇》，可以參照。我們從文裡，知道公子牟有隱遁之願而不能絕利祿之情。瞻子或即瞻何，其生平也不明，或者也是楊朱底同論者。

丙 列子

列於是與鄭繻公同時底人，比老子稍後，年代大約也在西曆紀元前四百年左右。他底事蹟也不詳明。《呂氏春秋．季秋紀．審己篇》記他曾受關尹底教示。而《莊子》裡所記底事都不盡可靠，寧可看為寓言。《漢書．藝文志》道家之部有《列於風捲，現在的傳本恐怕不是原書。在《天瑞》中於列子言太易、太初、太始、太素一節，明是從《易緯乾坤鑿度》引出。這些名詞，除太易外，都是道家底術語。太初或泰初見於《莊子》底《天地》、《知北遊》、《列禦寇》諸篇。太素見於《淮南》底《原道訓》、《俶真訓》、《覽冥訓》、《精神訓》等篇。太易是《易緯》所獨有。《易緯》是王莽時代底書，而《易》與道家思想結合，在魏晉間極其流行。《湯問將》記「火浣之布」及蓬萊三山外底岱輿、員橋二山。火燒布初見於魏文帝底《典論》。《史記》雖載蓬萊，但沒記其事蹟。晉王嘉《拾遺記》所列三山，與《列子》同；書中也記岱輿、員講二山。《湯問篇》底仙山恐怕是鈔襲《拾遺記》底。他鄉底記載，晉代很多。凋穆王篇》底化人或者是從《穆天子傳》由引出來。《穆天子傳》相傳是在汲家發現底。《仲尼篇》有「西方之人有聖者」，也許是指佛而言。可知今本《列於》有許多部分是從漢到晉屢入底。在漢時，《列於》傳本已有五種。《列於》序錄裡說：「劉向校中書《列子》五篇，與長江尉臣參校然太常書三篇，太史書四篇，臣向書六篇，臣參書二篇，內外書凡二十篇。以校除復重十二篇，定著八篇，《天瑞》至《說符》。」現存本八篇名目或者仍漢代參校諸本後所定之舊，而其內容多為後世底偽撰。

現存《列子》諸篇，與戰國以後底著作很有關係，除《老子》以外，最主要的為《莊子》人呂氏春秋》、《韓非子八《淮南子》。壺丘子林與伯昏管人同列子底問答，在《列於》裡很多見。列子與壺丘子林底關係見於們生於．應帝王》、《淮南．精神訓》及《緩稱訓》。《呂覽．下賢篇》有壺丘子林底名字。伯昏督人與列子底對答見於《莊子．田子方》及例禦寇》／德充符》也提出他底名字。《莊子》底文句見利列子》底很多，如《天瑞》有《至樂》、《知北遊》底文句，《黃帝》有《逍遙遊》、《達生》、《田子方》、《應帝王》、《列禦寇》、《寓言》瓜棵木》、濟物論》底章節。侗穆王篇》中夢與覺底論辯是從《齊物論》底一節發展出來。《埸問》底冥靈、大椿、餛鵬等，出於《逍遙遊》·，黃帝與客成子居空同之上，是脫胎於《在著廣成子底放事。《列子》取《呂氏春秋》底文句，如《黃帝篇》中海上之人好漚鳥，《說符篇》中白公與孔子底問答，都從《審應覽．精諭》引出；牛缺底故事是從《孝行覽．必己》而來。《說符篇》中楊來底話出於《韓非子．說林篇廠。又如《湯問》底共工與女姻底談話出自《淮南子．覽冥訓》與《天文訓》；《說符》底黑牛生白犢故事見於《人間訓人此外，《道應訓》底文句很多見於《列子》。與《列子》有關係底《莊子》、《呂氏春秋》、《韓非子》入淮南子》除幾篇原作外，其餘多是漢人作品，在文法上與《苟子》、《韓待外傳》、《大小戴禮記》。《說苑》請書相同。故知例子》中有許多部分是漢人所加。《天瑞》人黃帝》二篇或者儲存原本底文句最多，因為這兩篇底文法比其餘六篇較為古奧。列子或者是傳楚國底道家思想底，有些文句可以當作《老子》底解釋看。

《呂氏春秋．不二篇》說「列子貴虛」，在思想方面比老子底貴柔已較進步。在《天瑞篇》記列於底貴虛論，說：

或謂子列子曰：子奚貴虛？

列子曰：虛者，無資也。

於列於日：非其名也，莫如靜，莫如虛。靜也，虛也，得其居美；取也，與也，失其所矣。事之破動，而後有舞仁義者，弗能復也。

粥熊曰：運轉亡已，天地密移，疇覺之哉？故物損於被者盈於此，成於此者虧於彼。損盈成虧，隨生隨死，往來相接，間不可省，疇覺之哉？凡一氣不頓盡，一形不頓虧，亦不覺其成。不覺其成，不覺其虧，亦如人自生至老，貌色智態，亡日不異，皮膚爪發，隨生隨落，非嬰孩時有停而不易也，間不可覺，俟至後知。

所謂虛是不患得，不患失，任自然轉移，虛靜以處，於是非利害，不為所動。天地密移，雖有損盈成虧，人處其中，毫不覺知。假如杞人憂天地崩墜，身無所寄，因而廢寢忘食；又因人言其不壞，復舍然而喜，這都是不能參得虎字底意義。要到覺得天地環與不壞底心識不存在我心，那才講得上虛靜。虛便是不覺得，與佛教底覺悟是相反。這「虛」宇，在《老子》（十六章）裡也說：「致虛極，守靜篤，萬物並作，吾以現復。」要虛靜才能無嗜慾，不知樂生，不知惡死，不知親已，不知疏物，天愛憎．無利害。《黃帝篇》底故事便是這種思想底闡明。

《例子》裡對於天地底生成，已有明說。《天瑞篇》說有太易、太初、太始、太素。太易為未見氣，太初為氣之始，太始為形之始，太素為質之始。具氣形質而未相離，名曰渾淪。易是「視之不見，聽之不聞，循之不得」底存在體。由此變而為一，從一至九，複變為一，是為形始，清輕者上為天，濁重者下為地。易或者是漢以後底人依賠緯》改底，在《列子》它篇不見有易底意思，但《湯問》裡底「無極」與太易底意義很相近，武內先生以為易即《老子》第十四章底夷，夷、易古字通用。總之例子》對於宇宙生成底見解是屬於戰國末年流行底說法，不必是創見。

第四章　道家最初底派別

自老耼、關尹以後，道家思想瀰漫天下，楊朱、列禦寇、魏牟各立一說，於是道家漸次分為兩派。依武內先生底說法，第一是關尹、列子底靜虛派，第二是楊朱、魏牟底全性派。靜虛派主張人當舍自己底慾望，斷絕知慮，順著天賦的真性來生活。全性派以為情慾乃人類底本性，當捨棄人間底名利，放縱本能的情慾。前一派可以說是消極的道家，為田驕、慎到所承傳。後者為積極的道家，莊周底學說從這派發展而來。

齊威王、宣王在位底時代，自西曆紀元前三五七年至前三〇一年，五十七年間，齊底都城為中國文化底中心。當時底齊都即今山東！臨淄，城周五十里，闢十三門，其南門名為稷門。因為威宣二王禮聘四方學者，於是天下人物都聚於！臨淄。鄒人孟軻，楚人環淵，趙人慎到，宋人宋南，是外國學者中受特別優待底人物。他們受五金錢及哪宅底厚賜，地位等於上大夫。還有齊國本地底學者，如三位駐子、淳於受、田驕、接於等，也聚於齊都。淳於究是仰慕晏嬰底學者，見梁惠王，一語連三晝夜無倦。惠王要留他，待以卿相之位，辭不受。三驗即駿忌。駱衍、駐爽。《史記·孟子荀卿列傳》載：「齊有三驗子。其前鄒忌，以鼓琴幹威王，因及國政，封為成侯，而受相印，先孟子。其次驗衍，後孟子。」駐衍是宣王時人，唱五行說，傾倒一時。駐爽稍後，採驗衍之術以紀文，頗為齊王所嘉許。這幾位都是齊人所稱許，當時有「談天衍，雕龍爽，炙我過充」底頌。對於田駢、接子，當時也號為「天口接田」。在這班人以後還有齊襄王時底荀子。當時他們底哪宅多在稷門之下，所以齊人稱他們為「稷下先生」。

在稷下著書底學者，我們從《史記》、《漢書》裡還留著些少名字。其中與道家思想有關底，如環淵、接子、慎到、田駢和後世假託底《管子》及《太公書》。環淵為老子弟子，從楚至齊，為輸道家思想人齊底第一人。他底學說已不可考，《史記索隱》說：「環淵、接於，古著書人之稱號也。」《史記·孟子荀卿列傳》慎到傳下說「環淵著上下篇」，《漢書》作《蜎子》十三篇。蝸子就是環淵。接子底著述也失傳，《史記正義》記「《接子》二篇，《田子》二十五篇」，《漢書》同，記「《田於》二十五篇，《接子》二篇」。《史記》記「慎到著《十二編》」，《漢書》有《慎子》四十二篇底名目太陌》人唐志》有膝輔注底十卷本。後來連十卷本也不傳，從《群書治要》錄出七篇。馬聰《意林》錄《慎子》佚句十三條，宋以後，只餘五篇殘本。田駢底書今亦木傳。駿衍底五行說到戰國末年各派也染了它底色彩，在道家思想上最為重要，當於說莊子以後略論一下。

甲　彭蒙、田騈、慎到底靜虛派

在舊籍裡，彭蒙、田騈、慎到三個人常並提起。彭蒙底思想如何，已不可考。《莊子．天下篇》引彭蒙之師底話：「古之道人至於莫之是、莫之非而已矣。』看來，他所師承底是淵源於列子。田騈、慎到底學說也不外是從資虛說演出來底齊物棄知說。《呂氏春秋．不二篇》說「陳嬀貴齊」，是知齊物論為田子所特重。齊物論底大旨是「齊死生，等古今」。以為古今生死乃是大道連續的執行，本不足顧慮，所以對此能夠不動情感，不生執著底便是見道底人。鎮到底學說是從棄知著眼。《莊子．天下篇》介紹他和彭蒙、田騈底思想說：「公而不當，易而無私，決然無主，趣物而不兩；不顧於慮，不謀於知，於物無擇，與之俱往。古之道術有在於是者，彭蒙、田騈、慎到聞其風而悅之。齊萬物以為首，曰：『天能覆之，而不能載之；他能載之，而不能覆之；大道能包之，而不能辯之。萬物皆有所可，有所不可。故曰：選則不遍，教則不至，道則無遺者矣。』是故鎮到棄知、去已，而線不得已。冷汰於物，以為道理。曰：『知不知，將薄知而後鄰傷之者也。溪肢無任，而笑天下之尚賢也。縱脫無形，而非天下之大聖。

推拍焥斷，與物宛轉；舍是與非，苟可以免；不師知慮，不知前後，魏然而已矣。推而後行，曳而後往，若飄風之還，若羽之旋，若磨石之隧，全而無非，動靜無過，未嘗有罪。是何故？夫無知之物，無建己之患，無用知之累，動靜不離於理，是以終身無譽。故曰：至於若無知之物而已，無用賢聖，夫塊不失道。』豪傑相與笑之曰：『慎到之道，非生人之行，而至死人之理。』適得怪焉。田騈亦然，學於彭蒙，得不教焉。」

彭蒙、田騈、慎到，都以為萬物平等，各有所長短，若以人底知慮來評衡，那便違道了。故自身應當絕慮棄知，等觀萬物，無是非，無進退。假如有進退往還，亦當如飄風，如羽毛，如磨石，純是被動，能任自然而後可。知慮於生活上無用，所以不必力求，由此可見天下之尚賢為可笑。墨子底尚賢論也當排斥。從這理論發展出來，人間一切若得其法，雖然沒有賢智的人來指導也可以治理，結果，只要有了固定的法則，天下便治了。慎到被歸人刑名家就是這個原故。《荀子．解蔽篇》說：「慎子蔽於法而不知賢。」有法無賢，是稷下道家底一派。這種對於法底全能底態度是道家一派轉移到法家底樞紐。又，《荀子．天論》說：「慎子有見於後無見於先。」先後也是從《老子》底「聖人後其身」及「不敢為天下先」底意義而來。《呂覽．執一篇》述田騈對齊王說：「臣之言無政而可以得政，譬之若林木無材而可以得材。」也是《老子》「無狀之狀，無物之象」底意思。可見法家與道家底關係。

還有從齊物思想引出農家一流底實行運動。這派假託神農之言，主張從事農業，自己生產，自己生活。社會分業是不對的，納賦稅給人君是不對的，物價有貴賤，交易用鬥衡，都不對。社會無論是誰都要工作，齊貴賤，同物價，混善惡，一味以歸到自給自養，君臣並耕底境地為極則。關於這派底學說現已不存，《漢書．藝文志》有《神農》二十篇為戰國時代底著作，而作者不詳。《孟子．勝文公》出許行底名字，想當時這派底宣傳很用力，《神農》書也許是他們所用底至典。因為許行木主張社會分業，與儒家底王道思想不合，所以受孟子排斥。但《孟子》裡沒細說許行底思想，我們到底不知道他主張用什麼方法才能達到目的。大體說來，不外是道家底齊物思想底具體化吧。《呂氏春秋．審為篇》記：「神農之教曰：士有當年而不耕者，則天下或受其飢矣。女有當年而不績者，則天下或受其寒矣。故身親耕，妻親織，所以見致民利也。」這也許是戰國時隔農家所奉底經句。社會組織越嚴密，人必不能不分工，齊物主義底不能實行，乃意中事。齊物主義是教人再反到自然去過禽獸式的生活，雖然實現，未必是人生之福。

乙 假託管子所立底法治派

《管子書》十六篇相傳為管件所作。劉向序說：「所校徽中《管子書》三百八十九篇，太中大夫卜圭書二十七篇，臣富參書四十一篇，射聲校尉立書十一篇，太史書九十六篇，凡中外書五百六十四，以校除復重四百八十四篇，定著八十六篇。」漢內府所藏篇教最多，依定本八十六篇算，其中重複篇數，總在四倍左右。現存《管子》分為《經言》、《外言》、《內言》、《短語》、《區言》、《雜篇》、《管子解》、《管子輕重》八部，《內言》亡《王言》、《謀失》兩篇，《短語》亡《正言卜篇，《雜篇》亡《言昭》、《修身》、《問霸》三篇，《管子解》亡《牧民解卜篇，《管子輕重》亡《問乘馬》太輕重》丙、《輕重》庚三篇，計亡失十篇。書中最古部分為《輕言》，但其中底文句有些屬於很晚的時代，從思想內容看來，不能看出是齊宣王以前底作品。並且書中底思想很複雜，新舊材料互混，看來不是出於一人底手筆。大概是稷下先生假託管仲底名字以自尊，而思想上主要的派別屬於道家與法家。故《漢書．藝文志》列人道家，《隋》、《唐志倒入法家。諸篇中最顯出道家思想底是《心術》上下篇及《白心》、《內業》二篇。《內業》解道底意義，《心術》、《白心》說依道以正名備法。這幾篇恐怕是稷下底道家所傳誦底道經。在《心術》上篇中可以看出由道轉移為法底傾向。如說：「虛無無形謂之道。化育萬物謂之德。君臣父子人間之事謂之義。登降揖讓，貴賤有等，親流之體，謂之禮。簡物小米一道，殺僇禁誅，謂之法。」在另一段又說：「天之道虛其無形。虛則不屈，無形則無所位越。無所位超，故遍流萬物而不變。德者道之舍，物得以生。生得以職道之精。故隱者得也。得也者，其謂所得以然也。以無為之謂道，舍之之謂德，故道之與德無間，故言之者不別也。間之理者，謂其所以舍也。義者，謂各處其宜也。禮以因人之情，緣義之理，而為之節文者也。故禮者，謂有理也。理也者，明分以逾義之意也。故禮出乎義，義出乎理，理因乎宜者也。法者，所以同出，不得不然者也。故殺僇禁誅以一之也。故事督乎法，法出乎權，權出乎道。道也者，動不見其形，施不見其德，萬物皆以得，然莫知其極。」這是明禮義理法皆出於道德，而此道德同體無間，其所以不同只在所舍及所以舍而已。《老子》以為「失道而後德」，這裡說道德無間，語辭上雖然有點不同，但終極的原則仍是道。「法出乎權，權出乎道」，這道是天地之道，不會有過失底，所以底下說，「天之道虛，地之道靜。虛則不屈，靜則不變。不變則無過」。

法本從道出，所以至公無私。君子能抱持這一道以治天下便不致於喪失天下。《心術汗說：「是故聖人若天然，無私覆也；若地然，無私載也。私者，亂天下者也。凡物載名而來，聖人因而財之，而天下治；實不傷不亂於天下，而天下治。專於意，一於心，耳目端，知遠之證。能專乎？能一乎？能毋卜籃而知凶吉乎？能止乎？能已乎？能毋問於人而自得之於己乎？放日，思之。思之不得，鬼神教之。非鬼神之力也，其精氣之極也。」這一段與勝於．庚桑楚》所出老子之言很相近，想是當時流傳底道家言。人能得道，一切都可行，知巧也可以捨棄。《白心篇）〉說：「孰能棄名與功而還與眾人同？孰能棄功與名而還反無成？」又說：「孰能去辨與巧而還與眾人同道？故日思索精者明益衰；德行修者王道狹；臥名利者寫生危；知周於六合之內者，吾知生之有為阻也。」因為「道之大如大，其廣如地，其重如石，其輕如羽」，所以很容易得，容易用。在同篇裡說：「道者，一人用之，不聞有餘，天下行之，不聞不足，此謂道矣。小取焉則小得福；大取焉則大得福；盡行之而天下服；殊無取焉，則民反其身不免於賦。」舍一切以求道，就不致於滿，不致於滅亡，而達到虛靜底地位。雖然，道是不可摸捉底，為政者既舍知巧，就不得不正名備法，所以說，「建當立有，以靖為宗，以時為寶，以政為儀，和則能久。」建設當立在適當與有上頭，雖仍以靖為宗，而時與政卻是實在的施設。注說：「建事非時，雖盡善不成。時為事寶也。政者，所以節制其事，故為儀。」實際的政事是時間與手段底運用。運用得當，天下便治了。所以說，「非吾儀，雖利不為；非吾當，雖利不行；非吾道，雖利不取。上之隨天，其次隨人。人不倡不和，天不始不隨，故其言也不廢，其事也不隨。原始計實，本其所生；知其象而索其形；緣其理而知其情；索其端而知其名。故苞物眾者，莫大於天地；化物多者，莫多於日月；民之所急，莫急於水火。然而天不為一物枉其時；明君聖人亦不為一人枉其法。天行其所行，而萬物被其利；聖人亦行其所行，而百姓被其利；是故萬物均，既誇眾矣。是以聖人之治也，靜身以待之，物至而名自治之，正名自治之奇，身名廢。名正法備，則聖人無事。」這尚法正名底思想與慎到底主張相同。總之，棄嗜慾知巧，恬倫無為，正名備法，是稷下道家因倡齊物底論調，進而主張絕聖棄知，專任名法底結果。

丙　假託太公底陰謀派

法治思想發達，便要想到怎樣使人君能保守天下，和怎樣使人民不變亂底問題。能解決這問題才能為人謀國。因此從道家分出來底陰謀家便應運而起。當時稷下有些道家講用兵行政底方法都假託太公之言。太公望是齊底始祖，《史記．齊世家》說：「周西伯昌之脫羑裡，歸與呂尚陰謀修德以傾商政。其事多兵權與奇計，故後世之言兵及周之陰權皆宗太公為本謀。」想當時必有一種託為太公所造底兵書及陰謀書，似書．藝文志》道家書籍中有位公》二百三十七篇，其中《謀以十一篇，《言》七十一篇，《兵》八十五篇，注裡明說篇中有些是後世為「太公術」者所增加。梁阮孝緒《七錄》有《太公陰謀》六卷，位公雜兵書》六卷，這恐怕是位公書》中《謀》與《兵》底殘本。現在完本固然不存，即如殘本也不能見。現存底《陰符經》和《六韜》也是後人偽撰，不足憑為戰國時代底陰謀家言。《史記．蘇秦傳》說秦周遊列國，歸家後，閉居不出，讀惆書陰符》，期年，乃作《揣摩》。《揣摩》見於《鬼谷子》，《正統道藏》本列入第七、第八篇。《史記》載鬼谷子為蘇秦、張儀底師父，但劉向、班固所錄書中沒有《鬼谷子》，《隋志》始列《鬼谷子》三卷，或者是《漢志》縱橫家《蘇子》三十一篇底殘本。今本《鬼谷子》或者有一部分是戰國時代習太公術者底聖典，自《捭闔》至《儲言》計二篇筆法略同，或者是講大公術底較古材料。《本經陰符》七篇乃附加底部分。陰謀家底主張可以從《鬼谷子．符言篇》得著大體的意思，或者那便是當時所傳《太公陰謀》底快語。《符言》裡底脫誤處很多，註解也是望文生義，不容易讀得通。現在依《管子．雜篇．九守》可校對出其中底大意。

安徐正靜，柔節先定；善與而不爭，虛心平意，以待損傾。右主位

柔節先走，《符言》作「其被節無不陶」，欠解。「靜」應作「爭」，「傾報」似應與靜、定、爭為韻，故改作「損傾」。「有主位」之「有」，應作「右」，下仿此。

自貴明，耳貴聰，心貴智。以天下之目視者，則無不見；以天下之耳聽者，則無不聞；以天下之心慮者，則無不知。輻湊並進，則明不可塞。右主明德之術，曰：勿望而拒之，勿望而許之。許之則失守，拒之則閉塞。高山仰之可極，深淵度之可測，神明之位術正靜，其英之極歟？右主德「德」，《九守》作「聽」。「堅」，依《九守》

改為「望」，補「勿望而許之」一句。以上三節與《六韜．大利》第四相同。

用賞貴信，用刑貴正。貴賜賞信，必驗耳目之所見聞。其所不見聞者，莫不暗化矣。誠暢於天下神明，而況好者於君？右主賞末句《九守》作「誠暢乎天地，通於神明，見奸他也」。注：「既暢天地，通神明，故有好偽必能見之。」此節與《六韜．賞罰》第十一意義相同。

一日天之，二日地之，三日人之，四方上下，左右前盾，熒惑之處安在？右主問心為九竅之治，君為五官之長。為善者，君與之賞；為非者，君與之罰。君因其政之所以，求因與之，則不勞。

聖人用之，故賞之。因之循理，故能長久。右主因《九奪》作「心不為九竅，九竅治；君不為五官，五官治。……

君因其所以來，因而予之，則不勞矣。聖人因之，故能掌之。因之修理，故能長久」。

人主不可不周。人主不周，則群臣生亂。寂乎其無端也，內外不通，安知所怨？關閉不開，善否無原。右主周「寂乎其無端」以下原作「家於其無常也，內外不通，安知所開？開閉不善，不見原也」。意晦，今依《九守》改正。

一曰長目，二曰飛耳，三曰樹明。明知千里之外，隱微之中，是謂洞天下奸暗。洞天下奸暗則莫不變更矣。

右主恭「明知千里之外」以下原作「千里之外，隱微之中，是謂洞天下好，莫不暗變更」。今參校《九守》擬改。

循名而為實，按實而定名。名實相生，反相為情。故曰：名實當則治，不當則亂。名生於實，實生於理，理生於名實之德，德生於知，知生於當。右主名原作「循名而為實，安而完⋯故曰：名當則生於實⋯⋯德生於和，和生於當」。意義未妥，今依《九守》校改。

從《九守》、《符言》和《六韜》相同的部分可以推得稷下當時所傳底太公術底大概。蘇秦、張儀請人遊說諸侯時所用底語塊也不外乎此。所謂《符言》或者是《太公陰符》底節錄。《符言》前三節以靜為為政底體，四節以下以刑賞名法為為政底用。這也是從靜虛派道家底棄知任法流衍下來底刑名法家思想。丁莊子一流底全性派

自稷下道家由靜虛主義分為齊物與棄知兩端，影響到法家與農家底實行。關尹、

列子底思想可以說發達到極點。因為法、農自成派別，不是道家正傳，到莊子出世，才把道統接下去。但莊周底道統是承接楊朱、魏牟底，其學說以保全天賦的真性為主，從《莊子》裡還可以知其大意。

子　莊子

《史記》莊子底傳很簡略。莊子所出莊周底事蹟多為後人所加，不能盡信，《傳》說他是「蒙」人，到底是宋底蒙抑是楚底蒙，學者中間有不同的意見。劉向《別動和《呂氏春秋．必己篇》都說他是家底蒙人。《太平復手記》載：「楚有蒙縣，俗謂之小蒙城也，在周之本邑。」閻若股據《史記正義》「周嘗為蒙漆園吏」句下引《括地誌》說，「漆園故城在曹州冤句縣北十七裡」，以為冤句城在今曹州西南，其地春秋時屬於曹國。魯哀公八年，宋景公滅曹，其他遂屬於宋。蒙城在今河南商邱縣南二十里，莊子時屬於宋，後並於楚，漢朝隸於梁國。因此有來人、架人、楚人底異說。依莊子底年代，最正當的是以他為宋人。《史記》記莊子與梁惠王、齊宣王同時，但這正是孟子遊說梁、齊底時候，同住在一個地方，為什麼孟子一句也沒提到？《史記》裡又記莊周拒楚威王底聘，這段事情，《莊子．秋水篇》及《列禦寇篇》都出現，不過文句不同而已。依《六國年表》，梁惠王、齊宣王都與楚威王同時，或者孟子在梁、齊時，莊子在宋底本邑，所以他們兩人沒會過面。《史記》又說他「善屬書離辭，指事類情，用剽剝儒墨，雖當世宿學，不能自解免也。其言猶洋自恣以適己，放自王公大人不能器之」。從這一段也可以推想蓋子沒有提到莊周底原故。第一，莊周很會做文章來攻擊儒墨，雖當世宿學也不能自解免。孟子是不得已而後辯底人，在周若不在齊梁底閉下向他挑戰，他也樂得避免。第二，他底學問既為王公大人所不器重，自然在廟堂上沒人提起，也不會被蓋子一流人物所注意。因此任孟二人雖然同時，卻沒有什麼關係。還有一個假定，是莊周活動底時期比孟子稍後幾十年。物學記》引《韓詩外傳》說楚襄王遣使持金千斤欲聘莊子為相，莊子固辭不許，《文選》卷三十一注與《太平御覽》卷四百七十四所引略同。這樣看來，聘莊子底乃是楚襄王了。襄工即頃襄王，即位於威王歿後三十年，時代自西紀元前二百九十八年至前二百六十三年。《史記》與《韓詩外傳》底記事，莊周底年代，相差三四十年。如果莊子稱劍篇》與《秋水篇》所記在於與趙太子悝底關係和同梁相惠施會見底事情靠得住，莊子應是頃襄王時代底人物。趙太子俚底父趙文王即惠文王，與頃襄王同時。《徐無鬼篇》又記莊周詣惠施之墓，惠施死，當在梁襄王十三年（西紀前三〇六年）後，其時也與楚頃襄王相差不遠。

莊子底事蹟，如《齊物論》底夢，《至樂》底與夠髏對答，《山木》底異鵲，都是寓言。《知北遊》底東郭子人則陽》底長梧封人，都是假託底人物。《逍遙遊》、《德充符》、《秋水》、《至樂》。《徐無鬼》、《外物》、《寓言》諸篇都記與惠子對話。此中也不盡是史實，如《德充符》中對惠子說「於以堅白鳴」，明是時代錯誤，想是莊子之徒為壓服公孫龍一派底辯者而作。又，《田子方》記莊子與魯哀公會談，主題為儒服。這明是造作的事實，哀公當於孔子宋年，而儒服問題，起於戰國末及漢初，哀公決無提前討論之理。《秋水》底許由為隱士時代底產物，也當屬於戰國末期。所以《莊子》裡，關於莊周底事蹟，多不足信。

丑　莊子底著作

現存《莊子》三十三篇乃晉以後底本子。《莊子》在《漢書．藝文志》裡記五十二篇，後陸德明《經典釋文》底敘錄說普議郎崔撰刪定五十二篇，注二十七篇。

晉向秀依崔撰注本作新注，郭象又竊向秀注，增《無道》、《刻意》、《田子方》、《讓王》、《說劍》、《漁父》六篇，為三十三篇。因為經過幾次刪定，《莊子》底本來面目便難以分辨。《史記》說《莊子》「作《漁父》、《盜蹠入《胠篋》，以詆微孔子之徒，以明老子之術」。又說他著書十餘萬言，大都是寓言。《漁父》、《盜路》現在《雜篇》中，《膚篋》在公篇》中，然而是否願作，也屬疑問。現在把《莊子》三十三篇檢閱一下，便知道這書不是出於一人之手，並且不是一個時代所做成。

在《莊子》裡所出思想矛盾底地方很多。如《膚篋》底「攘棄仁義，而天下之德始玄同矣」，與《天地》底「至德之世，不尚賢，不使能，上如橋技，民如野鹿，端正而不知以為義，相愛而不知以為仁，實而不知以為忠，當而不知以為信」底實仁義忠信相反。《無道》又說「古之明大道者，先明天，而道德歡之。道德已明，而仁義次之」。在《天運》裡卻說「古之至人假道於仁，記宿於義，以遊逍遙之虛」。這又是承認仁義在某種程度可以存在。《天地》底「至德之世不尚賢」，與《天地》底「行事尚賢，大道之序」互相矛盾。對於孔子，在《盜路》裡極力詆毀，在《人間世》、《天運入《漁父》、《列禦寇》裡卻又恭維幾句。《無道》裡讚美舜底無為，在《驕拇》卻又排斥他。《大宗師》、《知北遊》諸篇贊黃帝通大道，《在有》卻又說他「始以仁義櫻人之心」。濟物論》、《大宗師》、《天地》、《刻意》、《馬蹄》、《膚篋》諸篇底「聖人」為得道家之道者底稱呼，在《在有》、《天運》、《知北遊》，卻是指毀道德亂天下底儒家聖人而言。《養生主》、《人間世》、《達生》諸篇講養生長壽之道，《大宗師》卻講齊生死，《至樂》甚至有卑生尊死底思想。以上不過舉其大端，至於文辭上，表現底方法，與思想底混雜，讀者隨時都可感覺出來。

在《莊子》中有些是從一篇底意思發展出來底。如《秋水》、《庚桑楚》人徐無鬼》、《寓言》，乃採取《齊物論》底思想而成。《刻意》取《天道》篇首底一部分。《盜測與《膚篋》底意思相同。《外物》所出老萊子之言是從《大宗師》底一部分取出。《庚桑楚》取材於《大宗師》和《齊物論人帕父》也與《人間世》底楚狂接輿故事有關係。《天下篇》底首段與《知北遊衝東郭子問「道惡乎在」一段也有因緣。當時或者有一種底本，因口口相傳，時代與地域木同，便產出許多不同的篇章。還有許多流行底故事，後世編《莊子》底也把它們列入，如濟物論》底胡蝶故事，《應帝王》底渾飩，都可以看為竄入底章節。編者甚至未注意到莊子學說底一貫，將不相干的故事加在裡頭，如《養生主》講老腳底死，與全篇似乎沒有關係。又如《大宗師》末段說顏回忘仁義禮樂，這顯與《駢拇》入馬蹄》諸篇所說有關，但與前頭所記堯與許由底故事比較一下，態度卻又不同了。《齊物論》中帶缺與王倪底問答，在全體上頗覺混亂。《達生》與《至樂》，《木》與《達生》都現重複的文義。這樣，《莊子》並非一人底著述，乃是後人增改過底。

現在《莊子》是從戰國到漢底著作。《逍遙遊》、《齊物論》、《德充符》、《駢拇》、《膚筐》、《天地》、《天道》、《至樂》諸篇，有堅白之辯或辯者之辯，或是成於公孫龍底時代。公孫龍，《史記．平原君傳》說他與平原君同時，是西曆紀元前三世紀前半葉底人物。《齊物論》、《大宗師》、《在者》、《天地》人至樂》、《知北遊》等有黃帝底名，以他為修道者。黃帝為古帝王底說法也出於戰國末年。在《大宗師》裡說黃帝得道以登雲天；西王母得道，坐乎少廣漠知其始終；彭祖得道上及有虞，下及五伯；《天地》有「上仙」底名：都是神仙說盛行後底說法，當是漢代底思想。《天運》有「三是五帝」底稱謂，這也不能早於《呂氏春秋》。又，《在有》裡記廣成子之言，「得吾道者，上為星而不為王」；《肢筐》記「田成一旦殺齊君而盜其國，十二世有齊國」；《大宗師》、《駢拇》、《馬蹄》，連稱仁義與禮樂；《天道》說孔子兼愛無私——皇王底分別，田氏滅齊，荀子底仁義禮樂學說，儒墨底混同，都是戰國末年底事情。孟子底仁義禮智說，漢儒加信為五端，而《庚桑楚》有「至禮有木人，至義不物，至知不謀，至六無親，至信闢金」底文句，可見這篇有為漢代所作底嫌疑。此外，漢代思想竄入《莊子》裡頭底如《天道》底「帝王天子之德」，「玄聖素王之道」；《天運》總稱《易》、《詩》、《書》、《禮》。《樂》、《春秋》，都是。《天下》純是漢人底作品。《天地》也含有多量漢代思想底成分。

《呂氏春秋》與《莊子》也有相當關係。《逍遙遊》底許由與吸行論．求人篇底許由同出一源。《聯筐》底盜路與《仲冬紀》。

「仁、義、禮名、信」初見利漢書．董仲舒傳》。當務篇》所記一樣。《天地》底怕成子高見於《恃君覽．長利篇》。《山木》與《孝行覽．必己篇》底一節相同。《田於方》底溫伯雪子見於《審應覽．精諭篇》。《庚桑楚》為《似順論．有度篇》底一節。抄本物》為《孝行覽．必己篇》底篇首。《讓王》所取底材料更多：子州支父底話出於《仲春紀．貴生篇》；石戶之農、北人無擇、省光、卞隨，出於《離俗覽．

離俗篇》;大王在父與子華子、魏牟,出自《開春論．審為篇卜列子出自《先識覽．觀世篇》;孔子、許由、共伯,出於《孝行覽．慎人篇》;伯夷、叔齊,出於《季冬紀．誠廉篇》。《盜跖底「堯不慈,舜不孝,禹偏枯,場放其主,武王伐紂,文王拘麥裡」,與《仲冬紀．當務篇》「堯有不慈之名,舜有不孝之行,禹有淫潤之意,湯武有放殺之事,五伯有暴亂之謀」同出一源。這裡有些是《呂氏春秋》抄錄《莊子》,但多半是後人依《呂氏春秋》編成底。

《莊子》全書稱「莊周之言」、「莊子曰」及任於事蹟,約在三十上下。這顯是後人集錄底痕跡。《簡子．解蔽篇》評莊子底學說為「蔽於天而不知人」,從這一點可以推想原本《莊子》思想底一斑。原本《莊子》所說底,或者是對舉天人非人而是天、以人歸天一類底問題,在《人間世》、《在有》、《秋水》、《達生》諸篇所說底,可以看為保留著荀子以前底《莊子》底面目。《列禦寇腳底「莊子曰:知道易,勿言難。知而不言,所以之天也。知而言之,所以之人也。古之人,天而不人」,大概也是贓子》原本底文句。《天道》與《外物》所引用底大概也出於《莊子》原本。《史記》說莊子著書「明老子之術」,現存《莊子》裡累見老子底事蹟和老子之言,但引《老子》底文句底除《寓言篇》引用四十一章外，其餘都不見於今本《老子》。這些關於老子底章節，或者也出於《莊子》原本，如《德充符》、《膚篋》、《達生》、《知北遊》等都有一部分是。《史記》又說莊子『塔書十餘萬言，大抵率寓言也。…俱說沈洋自恣以適己」。現存的《逍遙遊》、《應帝王》、《秋水》、《至樂》諸篇，多屬空想和寓言，實有「洗洋自恣」之概，但《逍遙遊》所出列子之言和宋榮於底名字，乃後人加入。宋榮子是與荀卿同時底人物。《秋水》所出公孫龍與魏牟底問答，以後屢出「莊子之言」、「莊子日」底文句，也是後加底。《膚篋》與《知北遊》中有「故日」、「故」底文句，或者是從原本《莊子》引出。《呂氏春秋．有始覽．去尤篇》「莊子日，以瓦投者翔」一節與髒子．達生篇》「以瓦注者巧」一節字句稍微不同，大概也是從同一原本引出來底。

《莊子》原本在苟子時代雖已存在，但是還沒被尊重到與老子平等。當時只說「老關」而不說「老莊」。著極利屢記與惠子對話，想是戰國末道家攻擊辯者底作品，因而莊子底名漸為世人所尊重。到淮南子時代，老莊底名字便連在一起。雅南子．要略篇》舉《道應》底大意說：「《道應》者，攬掇遂事之蹤，追觀往古之跡，察禍福利害之反，考驗乎老莊之術，而以合得失之勢者也。』《淮南》雖稱『優莊」，卻多引《莊子》底文句。漢代道家推尊莊子，因他稍後於孟子，便將老子推上與孔子同時，而以老莊與孔孟對稱。漢代儒學是繼承荀子底禮樂說，但孟子底仁義說亦有相當的勢力，故在事實上是荀孟並尊，如《韓詩外傳》人中庸》，都是荀孟思想底混合作品。仁義說更受道家底反對，《莊子》底編成最初也與排斥仁義有關，後來才反抗辯者之辯。由一本原書加以潤色，其時期，自戰國末到漢初，執筆者走不止一人。勝子》底內容不一致底原故就在加人和偽造底部分很多。若以這書為傳莊子學說底人們彙集，而冠以「髒子》」底名，那就差不遠了。《漢書電文志》所列道家典籍許多是內容不一致而託於一個人底名字底下底，如《管子》便是最顯的例。甚至假託古人底名以為書名底，如《黃帝》、《力牧》、《伊尹》太太公》等底也有。所以現在《莊子》底名是否與莊周所著書底實相符當是一個疑問。

《莊子》三十三篇，分《內》、按時、《雜》三部，大體說來，銷篇》較近於勝子》底原本，其他二部為在周後學所加，但不能說這兩部中沒有原本底文句。依《天下篇》對於莊周底評論，莊子一面唱楊朱全性保真說，一面發揚田驕底資齊說，且用這說來改進楊朱底學說。《齊物論》與《大宗師》是屬於貴齊說底論文；《逍遙遊》與《養生主》是屬於全性說底。其餘《人間世》、《德充符》、《應帝王》三篇多含全性底論調。至於按．篇》與《雜篇》底年代，依武內先生底斷定，大體可以分為五個時期．．ト一）莊周直傳底門人所傳底，為《至樂》、《達生》、《大木》、《田子方》、《知北遊》、《寓言》、《列禦寇》。（二）成於稍晚的後學底為《庚桑楚》、《徐無鬼》、《狷陽》、《外物》。（三）成於齊王建（西紀前二六四至前二二一年）時代底為《驕拇》、《馬蹄》、《膚庭》、《在有》。（四）成於秦漢之際底為《天地》、《天道》、《天運》、《秋水》、《刻意》、《繕性》、《天下》。（五）秦漢之際所成別派底諸篇為《讓王》、《盜路》、《說劍》、《漁父》。依這個分法，勝子》底思想順序便有些眉目了。

寅　莊子底思想

假若沒有任於，道家思想也不能成其偉大，但在《莊子》裡，思想既然那麼複雜，要確知在周底思想實不容易。《苟子．解蔽篇》說「《莊子》蔽於天而不知人」，以在於為因循天道而忽略人道。更詳細的莊子學說評論存於《莊子》最後一篇《天下》裡頭。這篇把周末諸子評論過後，才介紹莊子底學說，看來，當然是傳莊子學說底人所造。本學派底學者自評其祖師底話當然更為確切，現當引出。

書漠無形，變化無常。死與，生與？天地並與？神明往與？芒乎何之？忽乎何適？萬物畢羅，莫足以歸。古之道術有在於是者，莊周聞其風而悅之，以謬悠之說，荒唐之言，無端崖之辭，時恣縱而不惋，不以偏見之也。以天下為沉沙，不可與莊語；以後言為曼衍；以重言為真；以寓言為廣。獨與天地精神往來，而不傲倪於萬物。不譴是非，以與世俗處。其書雖瑰綜，而連稱無傷也。其辭雖參差，而諔詭可觀。彼者充實，不可以已，上與造物者遊，而下與外生死、無終始者為友。

從《天下》這一段可以看出莊子底學說底淵源。他承受了老子對於宇宙本體底見解，以宇宙本體為寂寞無形，而現象界則變化無常。生死與物我底分別本是人間的知識，從本體看來，只是一事物底兩面，故天地萬物乃屬一體。這是承傳田駢底齊物說，以萬物等齊，生死如一為立論底根據。至於他底處世方法，是「不譴是非，以與世俗處」。他以天下為沈濁，不能用在正的語言來指示，所以要用後言、重言和寓言。在《寓言》裡三種言，說：「寓言十九，重言十七，卮言日出，和以天倪。寓言十九，藉外論之。親父不為其子媒，親父譽之，不若非父者也。非吾罪也，人之罪也。與己同則應，不與己同則反。同於己為，是之；異於己為，非之。重言十七，所以己言也，是為耆艾。年先矣，而無經緯本末以期年耆者，是非先也。人而無以先人，無人道也。人而無人道，是之謂陳人。卮言日出，和以天倪，因以曼衍，所以窮年。不言則齊。齊與言不齊，言與齊不齊也。故曰無言。言無言，終身言，未嘗不言；終身不言，未嘗不言。有自也而可，有自也而不可；有自也而然，有自也而不然。惡乎然？然於然。惡乎不然？不然於不然。惡乎可？可於可。惡乎不可？不可於不可。物固有所然，物固有所可。無物不然，無物不可，非卮言日出，和以天倪，孰得其久？萬物皆種也，以不同形相禪，始卒若環，莫得其倫，是謂天均。天均者，天倪也。」世俗的是非，在有道者看來，完全不足計較，因為萬物本無是非曲直，只是形狀不同，互相禪代，像環一樣，不能得其終站。有道者所交遊底是造物者與外生死、無終始者。他所過底是逍遙生活。在周底人生觀是逍遙主義，而這個是從他所根據底齊物論而來。現在先略述他底齊物論。

◇（一）齊物論

莊周底齊物思想見於《齊物論》及《大宗師》。這思想是出於田駢底資齊說。自齊宣王歿後，稷下底學者散於四方，田駢也去齊到薛，遊於孟嘗君之門。他底思想，或者因此傳播到南方，造成了莊子底學說。《齊物論》好像是一部獨立的著作，現在所存或是全篇底一部分，後部像未完，或久已佚去，但其中所述已能夠使人明白了。《齊物論》底根本論點有三，便是是非、物我、生死底問題，今當分述如下。

天地萬物與我本屬一體，故永珍都包羅在裡頭，無所謂是非真偽。如果依人間底知識去爭辯，那就把道丟失了。所以《齊物論》說：「道惡乎隱而有真偽？言惡乎隱而有是非？道惡乎往而不存？言惡乎存而不可？道隱於小成，言隱於榮華。故有儒墨之是非，以是其所非而非其所是。欲是其所非而非其所是，則莫若以明。物無非彼，物無非是。自彼則不見，自知則知之。故曰：彼出於是，是亦因彼。彼是，方生之說也。雖然，方生方死，方死方生；方可方不可，方不可方可；因是因非，因非因是。是以聖人不由而照之於天，亦因是也。是亦彼也，彼亦是也。彼亦一是非，此亦一是非。果且有彼是乎哉？彼是莫得其偶，謂之道樞。樞始得其環中以應無窮。是亦一無窮，非亦一無窮也。」是非之爭一起來，就各執一端不能見道底全體，放說「道隱於小成」。「彼出於是，是亦因彼」，注說：『決物之偏也，皆不見彼之所見，而獨自知其所知。自知其所知，則自以為是。自以為是，則以彼為非矣。故曰：『彼出於是，是亦因彼。』彼是，相因而生者也。」用現代的話講，是非之辨，含有空間和時間底相因，沒有客觀的標準。所以說「彼是」加方生之說，生者方自以為生，而死者亦方自以其死為生，彼亦一是非，此亦一是非，不能偏執一方之辭來評定。得道者要在道樞上，看是非只是相對的存在，互相轉運以至於無窮。道樞是彼此是非，種種相對的事物消滅了底境地。在道樞上看，筳與播底縱橫不分，厲與西施底美醜無別，這就名為天鈞（或天均）。鈞便是齊底意思。

其次，物我之見乃庸俗人所有。在這點上，莊周標出他底真人底理想。所謂真人，便是不用心知去辨別一切底人。《大宗師》說：「知天之所為，如人之所為者，至矣。知天之所為者，天而生也。知人之所為者，以其知之所知以養其知之所不知，終其天年而不中道夭者，是知之盛也。雖然，有患。夫知有所待而後當。其所待者，特未定也。庸記知吾所謂天之非人乎？所謂人之非天乎？且有真人而後有真知。何謂真人？古之真人不逆寡，不雄成，不漠士。若然者，過而弗海，當而不自得也。若然者，登高不慄，入水不德，火火不熱。是知之能受假於道者也若此。古之真人，其寢不夢，其覺無憂，其食不甘，其總深深。真人之息以疏，眾人之息以喉，屈服者，其監言若哇。其吉欲深者，其天機淺。臺之真人，不知說生，不知惡死；其出不訢，其人不距；格然而往，撤然而來而已矣。不忘其所始，不求其所終，受而喜之，忘而復之，是之謂不以心捐道，不以人助天，是之謂真人。若然者，其心志，其容寂，其顆顆，悽然似秋，暖然似春，喜怒通四時，與物有宜而莫知其極。」真人是自然人，他底知也是自天而生，成敗、利害、生死、愛惡等等對立的心識都不存在。看萬物與我為一，最「與天為徒」，是真人。在《棄物論》裡也說：「天地與我並生，而萬物與我為一。」物類同異底數目為巧曆所不能紀底，若立在「一」底觀點上：也就無可說底了。

其三，愛生惡死乃人底恆情，莊子以為現象界底一切所以現出生死變化，只是時間作怪，在空間上本屆一體，無所謂來上，無所謂生死。所以說真人是不知說生，不知惡死底。愛生底是不明死也可愛，將物論油麗姬與夢底譬喻說：『項之姬，艾封人之子也。晉國之始得之也，涕泣沾襟；及其至一手王所，同筐床，食芻拳，而後悔其泣也。

於惡乎知大死者之不悔其始之斯生乎』夢飲酒者，已而哭泣；夢哭泣者，已向田獵。方其夢也，不知其夢也，夢之中又占其夢焉，覺而後知其夢也。』「死底境地為生者所不知，所以畏懼，不知生是「天刑」，故如《養生主》所說，死是「遁天之刑」，是『呼之縣解』。《大宗師》裡用子把、子輿等四人底友誼來說明死底意味，今具引出。

子祀、子輿、子犂、子來四人相與語曰：「『孰能以無為首，以生為脊，以死為屁；孰知生死存亡之一體者，吾與之友矣。』四人相視而笑，莫逆於心，遂相與為友。

低而子輿有病，子把往問之，曰：「偉哉！夫造物者將以予為此拘拘也！」曲僂發背，上有五管，頤隱於齊，肩高於頂，句贅指天，陰陽之氣有詩，其心閑而無事，講解而鑒於井，曰：「嗟乎！夫造物者又將以予為此拘拘也！」子把曰：「女惡之乎？」曰：「亡。於何惡？浸假而化予之左臂以為雞，予因以求時夜；浸假而化予之右臂以為彈，予因以求鶴炙；浸假而化子之屁以為輪，以神為馬，予因而乘之，豈更駕我？且夫得者時也，失者順也，安時而處順，哀樂不能入也。此古之所謂縣解也。而不能自解者，物有結之。且天物不勝天，久矣。吾又何惡焉？」

俄而子來有病，喘喘然將死，其妻子環而泣之。子犂往問之，曰：「叱！避！無怛化。」倚其戶與之語，曰：「偉哉！造物又將奚以汝為，將奚以汝適？以汝為鼠肝乎，以汝為蟲臂乎電影來自：「父母子子，東西南北，唯命之從。

陰陽於人，不翅於父母。彼近百死，而我不聽，我則悍矣，彼何罪焉？夫大塊載我以形，勞我以生，佚我以老，息我以死，故善吾生者，乃所以善吾死也。分之大冶鑄金，金踴躍曰：『我且必為摸哪。』大冶必以為不祥之金。今一犯人之形，而曰：『入耳！人耳！』夫造物者必以為不祥之人。

今一以天地為大爐，以造化為大冶，惡乎往而不可哉？」成然寐，楚然覺。

得道者，對於生死，漠然不關心，所以名為「遊方之外者」。世俗人是方內人，甚至孔子也不能免於俗見，使子貢去吊於桑戶底喪。《大宗師》裡假託孔子說明方外人底生死觀說：「彼方且與造物者為人，而遊乎天地之一氣。彼以生為附贅縣疣，以死為決疣潰攤。夫若然者又惡知死生先後之所在？假於異物，託於同體，忘其肝膽，遺其耳目，反覆終始，不知端倪，芒然訪傻乎塵垢之外，逍遙乎無為之業，彼又惡能憒憒然為世俗之禮，以觀眾人之耳目哉？」這樣看來，死究竟比生還自然，從拘束的形體解放出來，而達到真正與宇宙同體底境地。道家對於生死底看法與佛家不同也可以從這裡看出來。死後所變底形體是變化不是輪迴，所以同一人之身，一部分可化為有知的雞，一部分也可以化為無知的彈丸，又一部分可以化輪化馬。這變化不是個體的業力所致，實由於自然底執行，生者木得不生，死者不得不死。像佛家定意要求涅籌，在道家看來，也是徒勞，金在爐中，是不能自主底。

◇（二）逍遙遊

在哲學的根據上，莊子發展田駢底資齊說，但在處世方法上卻是承繼楊朱底「全性保真，不以物累形」底思想。這全性保真底方法在《莊子》裡名為逍遙遊。逍遙底意義是將功名去掉，便能悠悠然自適其生活，一點也沒有掛念。這思想在《莊子·內篇》裡到處都可以找出，尤多見底是《逍遙遊》、《養生主》、《人間世》、《德充符》諸篇。在《逍遙遊》裡所述底鵬、冥靈、大椿，它們底生活與壽命已不是凡庸的生物所能比擬，何況能比得上得道者呢？他是「乘天地之正，而御六氣之辯，以遊無窮者」。要達到這個境地，必須捨棄功名與自我，所以說，「至人無己，神人無功，聖人無名」。名稱上雖有聖人、神人、至人底分別，在這裡都可當做得道者看。

至人無已底例如《齊物論》、《應帝王》和《天地》所舉許由。齧缺、王倪底故事。今依武內先生底校正將這段故事排列出來。

堯之師曰許由，許由之師回紫缺，請缺之師田王倪，王倪之師曰被衣，堯問於許由曰：「紫缺可以配天下乎？否藉王倪以要之。」許由曰：「殆哉！圾乎天下！慈缺之為人也，聰明睿如，給數以敏，其性過人，而又乃以人受天，被審乎禁過而不知過之所由生。與之配天乎？彼且乘人而無天，方且本身而異形，方且尊知而火齊，方且為緒使，方且為物繽，方且四顧而物應，方且應眾宜，方且與物化，而未始有恆。失何足以配天乎？雖然有族有祖，可以為眾父，而不可以為眾義艾，治亂之率也，北面之禍也，南面之賊也。」（《天地》）

齧缺問乎王倪曰：一子知物之所同是乎？」臼：「吾惡乎知之？」「子知子之所不知邪？」曰：「吾惡乎知之？」「然則物無知邪？」曰：「吾惡乎知之？雖然，嘗試言之。庸詎知吾所謂知之非不知邪？庸詎知吾所謂不知之非知邪？且吾嘗試問平女：民溼寢則腰疾偏死，鰌然乎哉；木處則惴萊河俱，猿猴然乎能？三者孰知正處？民食芻豢，廉鹿食再，蝍且甘帶，鳴鴉著鼠，四者孰知正味？猿騙犯以為雌，康與鹿交，姑與魚遊。毛培、麗姬，人之所美也，魚見之深入，馬見之高飛，廉鹿見之決驟，四者孰知天下之正色哉？

自我觀之，仁義之端，是非之塗，樊然淆亂，吾惡能知其辭？」整缺口：「子不知利害，則至人固不知利害乎？」王倪自：「至人神呉！大澤焚而不能熱，河漢近而不能寒，疾雷破山，風振海而不能驚。若然者，乘雲氣，騎日月，而遊乎四海之外，死生無變於己，而況利害之端乎（《以齊物論》）

黎缺問於王倪，四問而四不知，帶缺因躍而大喜，行以告蒲衣子（被衣）。蒲衣子自：「而乃今知之乎？有虞氏不及泰氏。有虞氏其猶藏仁以要人，亦得久矣，而未始出於非人。泰氏其臥徐徐，其覺於於，一以已為馬，一以已為牛，其知情信，其德甚真，而未始人於非人。」以應帝期）

堯治天下之民，平海內之政，往見四子藐姑射之山沿水之陽，盲然喪其天下焉。（《逍遙遊》）

這段故事說明至人無已底意義。許由、戰缺、王倪、被農四人都是明瞭至人無己底人，事物底同異、得失、美惡，都不是他們所要知道底。唯其不知，故未為非人底物所累。

其次，說明神人無功，莊子用藐姑射神人來做譬喻。

肩吾問於連叔曰：「吾聞言於接輿，大而無當，往而不反，吾驚怖其言，猶河漢而無極也，大有逕庭，不近人情焉。」連叔曰：「其言謂何哉？」曰：「『藐姑射之山有神人居焉，肌膚若冰雪，綽約若處子；不食五穀，吸風飲露，乘雲氣，御飛龍，而遊乎四海之外；其神凝，使物不疵病而年穀熟。』吾以是狂而不信也。」連叔曰：「然。瞽者無以與乎文章之觀；聾者無以與乎鐘鼓之聲；豈唯形骸有聾盲哉？夫知亦有之。是其言也，猶時女也。之人也，之德也，將旁礴萬物以為一，世蘄乎亂，孰弊弊焉以天下為事？之人也，物莫之傷：大浸，稽天而不溺；大旱，金石流，土山焦而不熱。是其塵垢粃糠，將猶陶鑄堯舜者也，孰肯以物為事？」（《逍遙遊》）

神人雖與物接，而心不被攖拂，神不致推懷，遍身自得，物莫能傷，看堯舜底功名不過是塵垢粃糠而已。第三，說聖人無名，用堯讓位於許由底譬喻。

堯讓天下於許由，曰：「日月出矣，而爝火不息，其於光也，不亦難乎？時雨降矣，而猶浸灌，其於澤也，不亦勞乎？

夫子立而天下治，而我猶尸之，吾自視缺然，請致天下。」許由曰：「子治天下，天下既已治也，而我猶代子，吾將為名乎？名者實之賓也，否將為賓乎？鷦鷯巢於深林不過一枝；偃鼠飲河不過滿腹；歸休乎君，予無所用天下為。庖人雖不治庖，尸祝不越樽俎而代之矣。」（《逍遙遊》）

聖人能順物，一切行為皆與天下百姓共，雖無為君之名，實有為君之隱。他於天下既無所求，那更虛玄的名也可以不要了。尸視不越組代浪，是明各安其所，不相踰越，才能達到逍遙底境地。世人以為可寶貴底，在聖人看來實在無所用，像越人斷髮紋身，用不著宋人底章甫一樣。自我為世人所執持，功名為世人所愛尚，聖人一點也不介意，他所求底只如鷦鷯和偃鼠底生活而已。總之，莊子所求底是天然的生活，自任自適如不繫之舟漂流於人生底大海上，試要在可悲的命運中愉快地渡過去。

這裡可注意底是莊子底至人思想。上面所引底「至人無己」，《齊物論》底「至人神矣，大澤焚而不能熱，河漢沉而不能寒，疾雷破山，風振海而不能驚」，《田子方》「得至美而遊乎至樂綢之至人」，《外物》底「至人乃能遊於世而不僻，順人而不失己」，所標底至人都是莊子和他以後所用底新名詞。至人與聖人不同，他是沒有政治意味底，他只是知道者。有超越的心境，不以外物為思想底對象，離開民眾而注重個人內心的修養底人都是至人。莊子以後用至人來敵對儒家底聖人，是思想上一個轉變。至人有時也稱真人，注重消極的保身，以治天下為不足道，敵對於儒墨底思想加以抨擊。上面列至人、聖人三個等第，明至人是最高的。但這裡所謂聖人也與儒家所用底不同，是超乎治術之外底。

卯　莊子門人底思想

莊子直傳門人底思想在《至樂》、《達生》、《山水》、《田子方》、《知北遊》、《寓言》人列禦寇風篇可以找出來。姚姬傳以《至樂》與《逍遙遊》，《寓言》與《齊物論》，《達生》與《養生主》，私木》與隊間世》、《煙子方》，《列禦寇》與《德充符》，《知北遊》與飲宗師》底思想相同。這七篇所論底要點在申明萬江底差別，若從自然方面看，都是平等無別。萬物都由同一種子所現不同的形狀。種與種更迭變化，無終無始像環一樣。這名為天均，或天倪。《齊物論》只說明天均底理，而後來的門人便進一步去解釋天均。在《至樂》裡用萬物變化底歷程來解天均，自隆以至於人，都在變化中，故萬物皆出於機，皆入於機，而未嘗有生死。在《列子．天瑞篇》裡也有一段說明種與種更互的變化，與《至樂》底文句差不多。這都是補充《寓言》底「萬物皆種也」底意義，以為天地間種種複雜的形體都是由同一種子變化而來。對於宇宙用這種簡陋的生物學的說明，現時看來雖然可笑，但這一流道家為要建立他們底天倪論，不能不想及生物生成底問題。他們觀察現象界變化底歷程，認為種子究竟相同，所差者只是時間與空間底關係而已。說萬物等齊底現象便是天倪論，若單就理論說即是齊物論。

至於這種子怎樣來，變化是為什麼，都不是人問的知識所能了解，人所能知底只是從這出於機底現象推得生死變化是必然的命運，無論是誰都不能逃避。自我與形體底關係，如影與形一般。形變我也隨之而變，像鋼甲和蛇蛻一樣，不能不變，卻不知其所以然或所以不然。萬物不能不變化，如《知北遊》說：「天不得不高，地不得不廣，日月不得不行，萬物不得不昌。」故「彼來則我與之來，彼往則我與之往，波強陽則我與之強陽」。生活便是一種飄遙強陽底執行現象，來往無心，來不能卻，去不能止，不能強問其所以。道家底本體觀看來是以天無意志，任運而行底虛無論。因此人在自然中生活誰一的事情為他所能做得到底只有保全其天賦的壽命而已。能保全天賦壽命底人，便能順應無極的變化，而與天地齊壽。這意思便是濟物論》所說：「和之以天倪，因之以曼衍，所以窮年也。忘年忘義，振於無黨，故寓諸元竟。」《知北遊》也說：「生也死之徒，死也生之始，孰知其紀？人之生，氣之聚也。聚則為生，散則為死，若死生為徒，吾又何患？故萬物一也，是其所美者為神奇，其所惡者為臭腐，臭腐復化為神奇，神奇復化為臭腐，放日通天下一氣耳。聖人故貴一。」

辰　承傳稷下法治派底莊子學

現存底《庚桑楚》、《徐無鬼》、柳陽》、《外物》四篇，在思想上與稷下法治派底道家顯有密切的關係。這四篇底著作年代或者與荀子同時，就是當西曆紀元前……百六十年前後。《徐天鬼》裡舉出儒、墨、楊、秉與莊子五家，「秉」或是「宋」字之誤，宋指未研。本篇徐天鬼對魏武侯說底候兵說也暗示著作者生於宋機以後。《外物》並稱「《詩》、《禮》」，《庚桑楚》列舉禮義知仁信，都反映著荀子底時代。又，《徐無鬼》有「吾所以說吾君者，橫說之則以《詩》、《書》、《禮》、《樂》，縱說之則以《金版》、《六哪」底文句。前者是當時儒家底經典，後者稷下道家假託太公底著作。《庚桑楚》所引老聃之言，「衛生之經，能抱一乎？能如失乎？能無卜篇而知吉凶乎？能止乎？能已乎？能捨諸人而求諸己乎？能路然乎？能們然乎？能兒子乎？兒子終日爆而嗑不嘎，和之至也；終日握而手不撓，共其德也；終日視而目不瞋，偏不在外也。行不知所之，後不知所為，與物委蛇，而同其波，是衛生之經已。」這一段嬰兒論上半與《管子。心術》下篇相似，下半底意義與《道德經》第五十五章相似，也可以看出是稷下道家之言。四篇底作者雖不定是稷下人物，但以其思想類似，故假定他們是稷下底莊子學者。

稷下底莊子學者底思想與慎到底相似，以絕聖棄知為極則。《庚桑楚》開章說老耿底弟子庚桑楚，得老子之道以居畏壘之山，臣妾中底知者仁者都離開他，他只與擁腫（無知）者。缺掌（不仁）者同居。三年後，畏壘之民都佩服他，要組他為賢人。他很不喜歡，他底徒弟反勸他出去為民謀善利，如堯舜一樣。庚桑楚說：「小於未，夫函車之獸，介而離山，則〔免〕罔裡之患；吞舟之色，暢而失水，則蟻能苦之。故鳥獸不厭高，龜鱉不厭深。夫全其形生之人，藏其身也，不願深少而且美。巨大二千者，又何足以稱揚哉？是其於辯也，將安省垣牆面落蓬蒿也？簡發而林，數米而炊，竊竊乎又何足以濟世哉？舉賢則民相軋，任知則民相盜，之數物者，不足以厚民。民之於利甚勤，子有殺父，臣有殺君，正晝為盜，日中穴際而吾語爾，大亂之本必生於堯舜之間，其末存乎千世之後。千世之後，其必有人與人相食者也。」尊賢重知底結果，必至人食人，所以要「全汝形，抱汝生，無使汝思慮營營」。知與義是心身之累，要全生保身，當要放棄它們。在《庚桑楚》裡所提出底是衛生主義。所謂衛生是能抱一和過著像嬰兒底生活底至人。所以說，「夫至人者，相與交食乎地，而交樂乎天；不以人物利害相櫻，不相與為怪；不相與為謀；不相與為事：倏然而往，侗然而來。是謂衛生之經已」。再進一步要像嬰兒一樣：「兒子動不知所為，行不知所之，身若槁木之枝而心若死灰矣。若是者，禍亦不至，福亦不來，禍福無有，惡有人災也？」《康桑楚》底衛生論是把莊子底全性保真說更澈底地說明，更混合了慎到一派底絕聖棄知說，這或者是曲解莊子底學說去就慎子。此篇作者以為心情行為都應捨棄，因為宇宙本無定無極，若有執著，便有限定，有限定便有累贅了。作者說明宇宙底本性說：「有實而無乎處者宇也。有長而無本剽者富也。有乎生，有乎死，有乎出，有乎人，入出而無見其形，是謂天門。天門者，無有也。萬物出乎無有。有不能以有為有，必出乎無有。而無有一無有，聖人藏乎是。」在處世方法上，若本著無有底主旨，勃志、謬心、累德、塞道底事情也就消滅了。所以說，「至禮有不人，至義不物，至知不謀，至人無親，至信僻金，徹志之勃，解心之謬。志德之累，達道之塞。貴、富、顯、嚴、名、利，六者，勃志也。容。動、色、理、氣、意，六者，謬心也。惡、欲、喜、怒、哀、樂，六者，累德也。去、就、取、與、知、能，六者，塞道也。此四六者，不蕩胸中則正，正則靜，靜則明，明則虛，虛則無為而無不為也」。

《徐無鬼》也是發明絕聖棄知底意義。作者申明天地底生物本無高下貴賤底分別，好公和而惡好私，立仁義便有授與受底關係，受授之間，好私隨起，所以說，「愛民，害民之始也；為義堰兵，造兵之本也」。為天下無異於牧馬，牧馬者只在去馬害而已，牧者使馬跳草飲水，便已滿足。若加以鞭策，雖能使之日馳千里，卻是害了馬底本性。牧民者能任民自由，便是至治，若拘以法令，就找賊人底本性了。聖人行不言之教，用不著德行與知辯。「故德總乎道之所一，而言體乎知之所不知。至矣！道之所一者，德不能同也。知之所不能者，辯不能舉也。名著儒墨而凶矣。故海不辭東流，大之至也。聖人幷包天地，澤及天下，而不知其誰氏，是故生無爵，死無溢，實不聚，名不立，此之謂大人。狗不以善吠為良，人不以善言為賢，而況為大乎？夫為大不足以為大，而況為德乎？夫大備矣，莫若天地，然奚求焉，而大備矣？知大備者，無求、無失、無棄，不以物易己也。反己而不窮，循古而不摩，大人之誠。」能知大備，便如天地一般，反求諸己而不窮，上循乎古而不磨滅，外無所求，當無失棄，這樣，天真自能保全了。

例陽》底大意也是闡明返到本性底道理。性是什麼呢？「聖人達綢繆，周盡一體矣，而不知其然，性也。覆命搖作而以天為師，人則從而命之也。」聖人底一切動作皆以天為師，能達事理而不知其所以然，這便是性底本體。稱他為聖人只是常人以他是如此，他自己卻不知道。好比一個美人，別人不給他鏡子，他永不會知道，聖人愛人也是如此，若沒有人告訴他，他也不會知道。這樣，便是得到環中底理。環底中央虛空無物，故能隨順萬物，運轉無窮，循環不息，不可數量計，不可以時分計，這就名為「與物化」。與物化者，便能混滅物我，返到真性底源。抄道物明至人底天遊乃是隨性遇物，若橋揉仁義，就會滅真失性。凡非性命之本都是外物，必要去求，徒自勞苦，像車轍中底鮑魚，只須升斗底水便可活命，此外，雖有西江底水也沒有用處。這種返性保真底見解與《管子．心術》很有關係，可以比較來讀。

巳　承傳稷下陰謀派底莊子學

屬於陰謀派底在於學是《驕報》人馬蹄》、《胠篋》和《在著》底前二章。這幾篇大抵是出於一人底手筆，成於齊至建店時代。其中《胠篋》與古本《鬼谷子》很有關係。奪本《鬼谷子・符言》第十二底末後有「《轉丸》、《胠亂》二篇皆亡」一句，《正統道藏》本注說，「或有莊周《胠篋》而充次策者」，可見古本《鬼谷子》似胠篋卜篇。唐司馬貞於《史記索隱》中所引底《鬼谷子》田成子殺齊君底文句，《北堂書鈔》一四人引《鬼谷子》「魯酒薄而邯鄲圍」皆見於今本《莊子・胠篋篇》。但無論如何，這幾篇底思想是浸潤在「太公書」裡頭底，作者或者是齊人。

《驕拇》以仁義之道能害性命，凡德性所不當有者，直像耕校贅疣一樣。性命本無為自然，像拇底無驕，指底無技，像手足底長短中度，故「鬼臉雖短，續之則憂；鶴勝雖長，斷之則悲。放性長非所斷，性短非所續，無所去優也。意仁義其非人情乎？彼仁義何其多優也？」凡憂皆起於後起底贅疣，仁義底多憂，便在有餘與不足底可以增損，早已離開本性了。加以既成的有餘與不足也不能補救，必要有所作為，也有憂患。故禮樂仁義都是橋揉造作，傷害性命底事。自三代於下，小人以身殉利，士以身殉名，大夫以身殉家，聖人以身殉天下，都是因為以物易性，以至於傷損。善治民者當循民常性，不必用仁義來鼓勵他們，用法令去威嚇他們，使他返到太古淳厚素樸底境地。《蹄》說善治天下者：「彼民有常性，織而衣，耕而食，是謂同德；一而不黨，命迴天牧。故至德之世，其行鎮填，其視顛顛，當是時也，山無蹊隧，澤無舟梁，萬物群生，連屬其鄉，禽獸成群，草木遂長，故其禽獸可係羈而遊，烏鵲之巢可攀援而窺。夫至德之世，國與禽獸居，放與萬物並，惡乎知君子小人哉？同乎無知，其德不離；同乎無慾，是謂素樸。素樸而民性得矣。及至聖人，蹩躠為仁，踶跂為義，而天下始疑矣；澶漫為樂，摘僻為禮，而天下始分矣。故純樸不殘，孰為犧尊？白玉不毀，孰為珪璋？道德不廢，安取仁義？性情不離，安用禮樂？五色不亂，孰為文采？五聲不亂，孰應六律？夫殘樸以為器，工匠之罪也。毀道德以為仁義，聖人之過也。」

《胠篋》說田成子不但竊齊國，並且盜其聖知之法，看來世俗之所謂至知至聖，沒有不是為大盜預備底。「聖人不死，大盜不止。」故當掊擊聖人，使聖知棄絕；縱舍盜賊，使所竊底聖知無所用，能夠如此，天下便治了。總之，這幾篇底作者主張人須得到自然的生活，以絕聖棄知為極則，雖傾向慎到一流底思想，卻又注重性情底保持，可以看為受慎於與鬼谷子思想底莊子後學底作品。作者對於儒家底仁義禮樂治天下底理想，特加排斥，以為這些都是束縛。《在看》說：「故君子不得已而臨莅天下，莫若無為。無為也，而後安其性命之情。故貿以身於為天下，則可以託天下；愛以身於為天下，則可以寄天下。」

午 秦漢儒家化底莊子學

《天地》、《無道》、《天運》、《刻意》、《繕性》、《秋水》、《天下》七篇大抵成於秦漢之際。作者底思想也是以返到自然的性為尚。作者不十分反對儒家，而其內容與《易》底《象》、《象傳》與《繫辭傳》很相近。從作者屢引孔子與老眲底關係，也可以看出他們是折衷儒道底性說，來反對楊墨底。所不同者，儒主以率性，而道主以反性。《繕性篇》說：「古之存身者不以辯飾知，不以知窮天下，不以知窮德，危然處其所，而反其性，己又何為哉？道固不小行，德固不小識，小識傷德，小行傷道，故日正己而已矣。」善於存身者不用知辯，不用德行，因為這都是有為，一用知則一切知皆為小識，一用行則一切行都是小行，所以要危然安處，反其性而復其初，自己一無所為，毫無缺憾，性命就保全了。《天地篇》述子貢教漢陰丈人用桔提汲水，這種行為，便是小知小行，文人並非不知，只是恥而不為。放說，「有機械者，必有機事；有機事者，必有機心。機心存於胸中，則純白不備。純白不備，則神生不定。神生不定者，道之所不載也」。

人性底本源是從最初的無有無名發展而來，人當反到那個地位。《無地篇》說：「泰初有無；無有無名，一之所起。有一而未形，物得以生，謂之德。未形者有分，且然無間，謂之命。留動而生物，物成生理，謂之形。形體保神，各有儀則，謂之性。性修反德，德至同於初。同乃虛，虛乃大，合喙鳴。喙鳴合，與天地為合。其合結絡，若愚若昏，是謂玄德，同乎大順。」如《繕性》所說，凡「繕性於俗學，以求復其初；滑欲於俗思，以求致其明」者都是「蔽蒙之民」。俗學俗思所以不能復初致明底原故，在役於知而不恬。反性復初底方法在以恬養知，以知養恬。以恬養知是知止於所不知，能明本體，不致於蒙昧，此知是直觀的，是從恬靜得來底。以知養恬是後起底知，從學習而來，於自然生活都無所用，故當以其所知養其所不知，使仍歸於無知。這思想是《大宗師》「以其知之所知以養其知之所不知」底發展。若能以知與恬交相養，則有知歸於無知，無知則無不知，本體湛然，自然的性情都包含在裡頭。所以說，「古之人在混芒之中，與一世而得淡漠焉。當是時也，陰陽和靜，鬼神不擾，四時得節，萬物不傷，群生不夭，人雖有知，無所用之。此之謂至一。當是時也，莫之為而常自然。逮德下衰，及燧人、伏京始為天下，是故順而不一。德又下衰，及神農、黃帝始為天下，是故安而不順。德又下衰，及唐、虞始為天下，興治化之流，深淳散樸，離道以善，險德以行，然後去性而從於心；心與心識知，而不足以定天下，然後附之以文，益之以博；文滅質，博溺心，然後民始惑亂，無以反其性情而復其初」。故存身之道在於正己，正己則得志，得志則無憂，無憂則無為自然，而反覆泰初的性情。無憂便是天樂，便是能與天地合德底人。

天地之德是虛靜恬淡，寂寞無為。聖人休休然不役心於取捨之間，一切都以平易處之，這樣就恬然無所知，淡然不與物交付，故《刻意》說：「平易恬淡，則憂患不能入，邪氣不能襲，故其德全而神不虧。」今引《天道》裡解虛靜恬淡、寂寞無為底意義於下。

夫虛靜恬淡、寂寞無為者，天地之平，而道德之至，故帝王聖人休焉。休則虛，虛則實，實則倫矣。虛則靜，靜則動，動則得矣。靜則無為，無為也，則任事者責矣。無為則俞俞，俞俞者，憂患不能處，年壽長矣。

夫虛靜恬淡、寂寞無為者，萬物之本也。明此，以南向，堯之為君也；明此，以北面，舜之為臣也。以此處上，帝王天子之德也；以此處下，玄聖素王之道也。以此退居而閒遊，江海山林之士服；以此進為而撫世，則功大名顯，而天下一也。無為也而尊，樸素而天下莫能與之爭美。

失明白於天地之德者，此之謂大本大宗，與天和者也；所以均調天下，與人和者也。與人和者，謂之人樂；與天和者，謂之天樂。

莊子曰：鰲師乎！鰲師乎！全萬物，而不為戾；澤及萬物，而不為仁；長於上古，而不為壽；覆載天地，刻雕眾形，而不為巧。此之謂天樂。故曰：知天樂者，其生也天行，其死也物化，靜而與陰同德，動而與陽同波。故知天樂者，無天怨，無人非，無物累，無鬼責。故曰：其動也天，其靜也地；一心定，而王天下。其鬼不崇，其魂不疲；一心定，而萬物服。言以虛靜推於天地，通於萬物，此之謂天樂。天樂者，聖人之心以畜天下也。

以上都是莊子底全性保真說底申明。但如楊朱一派以放縱性情，恣意於飲食男女，卻又做不得。人有生存底慾望，只要適順自然，無所取捨，便不致於失掉本性。故《天地》說：「失性有五：一日五色亂目，使目不明；二日五聲亂耳，使耳不聽；三日五具黛鼻，困像中籟必也五味獨口，使口厲爽；五日趣舍滑心，使性飛揚。此五者，皆生之害也。」用青黃文飾底犧尊與棄置在溝壑裡底斷水，同是從一塊木頭所成，美醜雖然不同，而失掉木底本性則同。故路與曾史，行為底善惡雖然不同，而失掉人底本性卻是一樣。總之，凡順乎自然底都與本性率合，天與人底分別便在這裡。如《秋水》所說牛馬四足，是天；落馬首，穿牛鼻，是人。所以，「無以人滅天；無以故滅命；無以得殉名；謹守而勿失，是謂反其真」。

這一派底作者也承認政治社會底活動，因而不很反對儒家底名與仁義底思想，不過不以這些為生活底極則而已。《天運》說：「名，公器也，不可多取。仁義，先王之媛廬，止和以一宿而不可久處，翻而多責。古之至人假道於六，託宿於義，以遊逍遙之虛，食於苟簡之田，立於不貸之圃。逍遙，無為也。苟簡，易養也。不貸，無出也。古者謂是來真之遊。」在《天道》裡也承認仁義底地位，因為人道是取則於天道底。「天尊地卑，神明之位也。春夏先，秋冬後，四時之序也。萬物化作，萌區有狀，盛衰之殺，變化之流也。夫天地至神而有尊卑先後之序，而況人道乎？宗廟尚餘，朝廷尚尊，鄉黨尚齒，行事尚賢，大道之序也。語道而非其序者，非其道也。語道而非其道者，安取道？是故古之明大道者光明天，而道德次之；道德已明，而仁義次之；仁義已明，而分守次之；分句』已明，而形名次之；形名已明，而原省次之；原省已明，而是非次之；是非已明，而賞罰次之；賞罰已明，而愚知處宜，貴賤履位，仁賢不肖襲情，必分其能，必由其名。以此事上，以此畜下，以此治物，以此修身，知謀不用，必歸其天，此之謂太平，治之至也。」

自仁義以至賞罰，都是人間的活動，只要處置得宜，愚知貴賤，各由其名，各分其能就可以。《天地》述華封人祝堯三多，便是這意思。

堯觀乎華。華封人曰：「嘻，聖人！請視聖人，使聖人壽！」

堯曰：「辭。」

「使聖人富！」

堯曰：「辭。

「使聖人多男子！」

堯曰：「辭。』

封人口：「壽，富，多男子，人之所欲也，女獨不欲，何邪？」

堯曰：「多男子則多懼，富則多事，壽則多辱。是三者非所以養德也。故辭。」

封人曰：「始也我以女為聖人邪，今然君子也。天生萬民，必授之職，多男子而授之職，則何懼之有？富而使人分之，則何事之有？夫聖人，鶉居而頗食，鳥行而無彰。天下有道，則與物皆昌；天下無道，則修德就問；千歲厭世，去而上仙，乘彼白雲，至於帝鄉；三患莫至，自常無殃。

「則何辱之有？」扎人去之。堯隨之曰：「請問。」封入曰：「退已！」

華封人底話意是多男子能各依其能力任事，則天下都是有職業底人，愚智相欺、貴賤相奪底事自然沒有，也就不用懼怕了。多富若能分之於天下，使天下底財貨均等，沒有田土連呼底富人，沒有立足無地底貧者，天下也就沒事了。多壽只要適意安心，不使性命受擾，無憂無慮，到厭世底時候便乘白雲成仙到帝鄉去逛遊。這裡已經變了「物化」底意義而成為成仙底理想。至於禮義法度，不能一定取則於堯舜，應當應時而變，在《天運》裡說，用周公底衣服去穿在猴子身上，它必都給撕碎了。古今底不同就如猴與周公底分別。作者評儒家所說底先王底法度，像取先王已陳底芻狗。芻狗本陳底時候，用筐衍盛著，用文繡技在上頭，屍祝齋戒去迎接它；到已陳過，走路底人腈它首脊，檢柴草底把它檢去燒掉。如人把已陳底芻狗再盛在筐裡，再用文繡給它被上，他底眼豈不瞇了嗎？

未　承傳楊朱派底莊子學

現存《莊子》裡底《讓王》、《盜路》、《說劍》、《漁父》四篇為全書最後的部分。《讓王》全篇合十五短篇故事而成，主旨在闡明名利祿位底不足重，唯生為尊。其中列於辭鄭子楊底粟見於《列子．說符》，子貢乘大馬見原憲，堯以天下讓許由、善卷，伯夷、叔齊餓死首陽底放事都見於《列子．楊朱》。尊生便是楊朱底全性保真說，可見作者是傾向楊朱思想底。《讓王》說：「能尊生者，雖富貴不以養傷身，雖貧賤不以利累形。」患得患失底人終要傷身累形，甚至危身棄生。名利不過是極輕微的事物，生是何等重要？用寶貴的生與身去殉輕微的物，如「以隨峰之珠彈千切之雀」所失底還要重大，所以聖人不取。《盜哪分三章：第一述孔子見盜路底故事；第二記於張與滿苟得底問答；第三記無足與知和底問答。孔子見盜路全脫胎於例子．楊朱篇》中於產勸誡他底兄弟底放事。作者極力排斥孔子祖述堯舜，憲章文武底主張，說堯、舜、禹、湯、文、武，都是「以利感其真，而強反其性情，其行乃甚可羞也」。在人事上所謂聖王、賢士、忠臣，都是為利惑真，罹名輕死底人。依人情說，應當盡一生之歡，窮當年之樂，以保全壽命。生命很短，且多愁苦，若不及時享樂，便枉為人了。所以說，「人上壽百歲，中壽八十，下壽六十，除病疾死喪憂患，其中開口而笑者，一月之中不過四五日而已矣。天與地無窮，人死者有時。操有時之具，而託於無窮之間，忽然無異騏驥之馳過隙也。不能說其志意，養其壽命者，皆非通道者也」。這全是楊朱底思想。《盜路》第二、第三兩端排斥儒家底重名，以為君子殉名正與小人殉利一樣，都是變性易情底事。為名利者皆拘於是非善惡，而是非善惡固無一定標準，只在各執所見以是其所是而非其所非。「小盜者拘，大盜者為諸侯。諸侯之門，義士存焉。昔者桓公小白殺兄入嫂，而管仲為臣；田成於常殺君竊國，而孔子受幣。論則賤之，行則下之。……故書曰：孰惡孰美？成者為首，不成者為尾。」所以事情不必問曲直，小人君子，都無是處，若能運不滯的圓機，得自然的天極，得其環中以應四方，便能得著長生安體樂意底道。「故曰：無為小人，反殉而天。無為君子，從天之理。若枉若直，相而天極，面現四方，與時消息。若是若非，執而圓機，獨成而意，與道徘徊。無轉而行，無成而義，將失而所為。無赴而富，無殉而成，將棄而天。」這也是從楊朱底思想演繹出來底。

《漁父》借漁父底話來排斥孔子飾禮樂、行仁義、選人倫以化齊民底見解。作者以為人有八疵四患，雖有禮樂、仁義、人倫，也不能改變過來，不如自己修身守真為妙。八疵者：「非其事而事之，謂之總；莫之顧而進之，謂之佞；希意道言，謂之諂；不擇是非而言，謂之諛；好言人之惡，謂之讒；析交離親，謂之賊；稱譽詐偽，以敗惡人，謂之慝；不擇善否，兩容頰適，偷拔其所欲，謂之險。此八疵者，外以亂人，內以傷身，君子不友，明君不臣。所謂四患者：好經大事，變更易常，以掛功名，謂之叨；專知擅事，侵人自用，謂之貪；見過不更，聞諫愈甚，謂之狠；人同於己則可，不同於己，雖善不善，謂之矜。」儒者不明人有這些劣點，一心去「審仁義之間，察同異之際，現動靜之變，適受與之度，理好惡之情，和喜怒之節」，直如畏影惡跡底人，舉足疾走，走愈遠而跡愈多，走愈疾而影不離，若處明則影自休，處靜則跡自息了。處陰處靜，便用不著仁義禮樂，因為這些都是世俗所為，隨時可以變易底。聖人守真，故無牽強反性底行為，一切皆出於自然，毫無虛偽。所以說，「真者，所以受於天也，自然不可易也。故聖人法無資真，不拘於俗。愚者反此，不能法天而恤於人，不知貴真，祿祿而受變於俗」。

《讓王》、《盜蹠》、《漁父》底內容多是承傳楊朱全性保真底見解，或者是楊朱底後學所作。《說劍》說三種劍，不像莊子或楊子底口氣，卻有陰謀家底意味，恐怕與《莊子》原本沒甚關係。大概因為篇中底主人是莊子，所以把它編入吧。

第五章　秦漢底道家

從《莊子》內容底複雜看來，自戰國末年直到漢初，道家思想幾乎浸潤了各派。最反對道家底儒墨也接受了多少道家的思想。墨子一派底思想與道家底關係比較地淺，然在今本《親士篇》裡有「太上無敗，其次敗而有以成」和「大聖人者，事無辭也，物無違也，故能為天下器」，都有道家底口氣。《禮記》底《中庸》、《禮運》等篇，《易經》底《象太《承傳》、《繫辭傳》，也染著濃厚的道家色彩。《荀子》底《天論》顯是道家的思想；《解蔽》底「至人」，《禮論》底「太一」，都是道家的名詞。即如性惡論也與道家思想有關。《漁父》底八疵四患，也暗示人性本惡底意思。法家底排斥仁義，以人為勢利和私慾底奴隸，也是從道家思想而來，所差底只將道家虛靜無為底消極觀念轉而為積極的治世術而且。《韓非子．主道篇》底「道在不可見，用在不可知，虛靜無事，以暗見疵。見而不見，聞而不聞，知而不知」，是從《老子》十四章「不見」、「不聞」、「不知」所轉出來底治術。又《揚權篇》及《呂氏春秋．審分覽．君守篇》所用底都是道家術語底法家化。《審分覽．任數篇》所出申不害底話：「何以知其聾？以其耳之聰也。何以知其盲？以其目之明也。何以知其狂？以其言之當也。放曰：去聽無以聞則聰；去視無以見則明；去智無以知則公。

去三者不任，則治；三者任，則亂。」這明是道家思想。漢代儒法結合，而道家又包容法家，所以漢儒多染黃老色彩。甚至名家也附在道家化的法家裡頭，而被稱為「刑名之學」，或刑名法術之學。

戰國末年道家思想非常普遍，因為這種亂世哲學很適宜於當時底情境。那時道家底著作思想必很多，其思想底斷片如今散見於《呂氏春秋》裡頭。到漢初淮南王乃整合一部系統的書名《鴻烈》。從這兩部可以略窺當時道家思想底大概。

甲 《呂氏春秋》及養生說

《史記・呂不韋列傳》》載不韋為陽翟大賈，秦太子政立，尊他為相國，號稱仲父。當時魏有信陵君，楚有著申君，趙有平原君，齊有孟嘗君，都以下士納客相傾。呂不韋以秦底強而不能禮賢下士為恥，於是也招致食客三千人。又因為當時諸侯所養底士多著書布於天下，不韋便使他底客人各著所聞，以為八覽、六論、十二紀二十餘萬言，包羅天地萬物古今底事情，名曰《呂氏春秋》。書成，不韋把它陳列在咸陽市上，懸千金於其上，說如有增損書中一字者給千金，至終沒有人能夠改易它。太史公亦稱這書為相覽》。事實上，這書是當時知識學說底總述，有些只是前人著作底節錄，故《藝文志》把它列人雜家。書中記德墨道三家底學說特多，具道家思想底為《先識覽》底《蔡微》，《審分覽》底《君守》、《知度》、《不二》、《執一》，《審應覽》底《精諭》，《似順論》底《有度》、《分職》等篇。這書底編纂時期，在十二紀末篇《序意》裡有「維秦八年，歲在幫灘」廂記載，注說「八年，秦始是即位八年也，歲在申，名沼灘」，可知現在的本子與目不韋當時所江底本子差不多。十二月組恐怕比《禮記》底《月令》還要早。盧文強說：「《玉海》云《書目》是書凡百六十篇。今書篇數與書目同，然《序意》舊不人數，則尚少一篇。此書分篇極為整齊：十二紀，紀各五篇；六論，論各六篇；八覽，覽當各八篇。今第一覽止七篇，正少一。考《序意》本明十二紀之義，乃本忽載豫讓一事，與序意不類。且舊校云，一作《廉孝》，與此篇更無涉，即豫讓亦難專有其名，因疑《序意》之後半篇俄空焉。別有所謂《廉孝》者，其前半篇亦簡脫，後人遂強相附合，並《序意》為一篇，以補總數之缺。然《序意》篇首無『六日』二字，後人於目專科輒加之，以求合其數，而不知其跡有難掩也。」這書底脫漏在這一點上最顯。其次如《有始覽．應同》說五德恐怕是漢人所增改。此外改竄底痕跡極微，可以看為呂氏原本。

儒、墨、法都是經世底法術，道只在自己生活底調護，所以在戰國時代道家有「養生」、「貴生」、「全生」、「衛生」等名詞，對於自己生活底調護至終分出兩條路，一是縱性，一是尊生。如楊朱一流底思想是縱性底一條路。這是要人反到禽獸式的生活，肯定滿足肉體的和感官的欲求是人生底自然狀態。生活無它，享樂而已。這種風氣在戰國時代最盛。當時以這說法為「全生之說」。這當然與倫理和法治思想相違，故為儒、墨、法諸家所攻擊。如《管子．立政論》說：「全生之說勝，則廉恥不立。」是怕人人縱慾妄行，男女無別，反於禽獸，以致禮義廉恥不能存立，人君無以自守。尊生底思想卻不主張放縱性情，是對於既得底生命加意調護，使得盡其天年。當時以盡天年為壽，即如病死也是橫死，故人當盡力調攝身體，享樂不可過度，然後可以免除病患。

尊生底意義，簡單地說便是長生主義。《孟春紀．重已》說：「世之人主，貴人，無賢不肖，莫不欲長生久視，而日逆其生，欲之何益？凡生之長也，順之也。使生木順者，欲也。故聖人必先適欲。室大則多陰，臺商則多陽，多陰則蹷，多陽則瘦，此陰陽不適之患也。是故先王不處大室，不為高臺，味不眾珍，衣不件熱。蟬熱則理塞，理塞則氣不達。味眾珍則胃充，胃充則中大勒，中大軌而氣不達。以此長生，可得乎？昔先王之為苑困園池也，足以觀望勞形而已矣；其為宮室臺樹也，足以闢燥溼而已矣；其為輿馬衣裘也，足以追身暖滾而已矣；其為飲食甜酸也，足以適味充虛而已矣；其為聲色音樂也，足以安性自娛而已矣。五者，聖王之所以養性也。非好檢而惡費也，節平性也。」死是不可免的事實，聖人所要底是「終其壽，全其天」，使身心舒適，情慾有節，然後可以得壽。《孟春紀．本生》說：「人之性壽，物者拍之，故不得壽。物也者，所以養性也，非所以性養也。今世之人惑者多以性養物，則不知輕重也。……是故聖人之於聲色滋味也，利於性則取之，害於性則舍之，此全性之道也。世之責富者，其於聲色滋味也，多惑者日夜求幸而得之則遁焉。遁焉，性惡得不傷？萬人操弓，其射一招，招無不中；萬物章章，以害一生，生無不傷，以便一生，生無不長。故聖人之制萬物也，以全其天也。天全則神和矣，目明矣，耳聰矣，鼻臭矣，口敏矣，三百六十節皆通利矣。此人者，不言而信，不謀而當，不慮而得，精通乎天地，神覆乎宇宙。其於物，無不受也，無不裹也，若天地然。上為天子而不驕，下為匹夫而不惜，此之謂全德之人。資富而不知道，適足以為患，不如貧賤。貧賤之致物也難，雖欲過之奚由？出則以車，入則以輦，務以自佚，命之曰招慨之機；肥肉厚酒，務以自強，命之日爛腸之食；靡曼皓齒，鄭衛之音，務以自樂，命之日伐性之斧。三患者，資富之所致也，故古之人有不肯貴富者矣，由重生故也。」又《仲春紀．貴生》引子華子說：「全生為上，虧生次之，死次之，迫生為下。故所謂尊生者，全生之謂。所謂全生者，六慾皆得其宜也。所謂虧生者，六慾分得其宜也。虧生則於其尊之者薄矣。其虧彌甚者也，其尊彌薄。所謂死者，無有所以知復其本生也。所謂迫生者，六慾莫得其宜也，皆獲其所甚惡者，服是也，辱是也。辱莫大於不義，故不義，迫生也。而迫生非獨不義也。放日迫生不若死。」這裡分生活底等為四。六慾，註解作生死耳目口鼻之慾。生固然是欲；感官底享受也是欲；死有為義底死，有為生無樂趣而自殺底死，亦可以看為一種欲。故六慾皆得其直，是不貪死，不慕死，不縱情於聲色滋味。尊生須捨去功名富貴，因為這些給人傷生底機緣很大。在戰國時代上流社會底物質享受很豐富，所以有這種反響。

由於等生底理想，進而求生命在身體裡所託底根本。知養生底必然要知道怎樣保護生命底元素。《季春紀．盡數》說：「天生陰陽，寒暑燥溼，四時之化，萬物之變，莫不為利，莫不為害。聖人察陰陽之宜，辨萬物之利以便生，故精神安乎形，而年壽得長焉。長也者，非短而續之也，畢其數也。畢數之務，在乎去害。何謂去害？大甘、大酸、大苦、大辛、大鹹，五者充形，則生害矣。大喜、大怒、大憂、大恐、大哀，五者接神，則生害矣。大寒、大熱、大燥、大溼、大風、大霖、大霧，七者動精，則生害矣。故凡養生，莫若知本。知本則疾無由至矣。」中國古代所推想底生命元素是形、神、精。形是肉體，神是情感，精是環境。生命底維持在乎精氣與形氣底流動，故說「形不動則精不流，精不流則氣鬱」。《待君覽．達鬱》也說：「病之留，惡之生也，精氣鬱也。」氣是合形神精而成底生命體。古人常以氣息為生命，《莊子．秋水》以氣為從陰陽受得。分開可以說形氣。神氣、精氣。人受陰陽底氣才能生存，故《管子．樞言》說：「有氣則生，無氣則死。」《季春紀．先已》說：「精氣日新，邪氣盡去，及其天年，此之謂真人。」當時底儒家好像不講氣，而講神、命。心或性。《荀子．無論》說：「形具而神生，好惡喜怒哀樂藏焉。」在《荀子．正名》裡底心與神同意。心有兩個意義：一是官感底主宰，一是情感底元首，也稱為神。從心生出性情，如《正名》說：「生之所以然者謂之性。生之和所生，情合感應，不事而自然，謂之性。性之好惡喜怒哀樂，謂之情。」此「生之所以然」便是《中庸》底「天命」。在《荀子．修身》雖有「扁善之度，以治氣養生，則後彭祖」底文句，但這是用道家底辭和思想，不能看為純儒家的話。儒家所重底是養心，存心養性，或治心底方法，與養生底思想沒有什麼因緣。

養生底方法，總一句話說，便是避免情底激動和氣底受害。由此一變而為調和身心，使生活安適底全生長壽思想。《榆縣紀．適音》說：「樂之務在於和心。和心在於行適。夫樂有適，心亦有適。人之情慾壽而惡夭，欲安而惡危，欲榮而惡辱，欲逸而惡勞。四欲得，四惡除，則心適矣。四欲之得也，在於勝理。勝理以治身，則生全，生全則壽長矣。」田驕與莊子底齊物論到這時變為不害自然的身心，生命延長到得著知能如天地底理想。《仲春紀．情慾》說：「古人得道者，生以長壽，聲色滋味，能久樂之」，人能體道、無慾，像天一樣，故能長壽，壽長然後可以久樂。《季春紀．論人》說：「適耳目，節嗜慾，釋智謀，去巧故，而遊意乎無窮之歡，事心乎自然之塗。若此，則無以害其天矣。無以害其天則知精。知精則知神。知神之謂得一。凡被萬物，得一後成。故知一，則應物變化，闊大淵深，不可測也；德行昭美，比於日月，不可息也；豪士時之，遠方來賓，不可塞也；意氣宣通，無所束縛，不可收也。故知知一則復歸於樸：嗜慾易足，取養節薄，不可得也；離世自樂，中情潔白，不可量也；成不能懼，嚴不能恐，不可眼也。故知知一則可動作當務，與時周旋，不可極也；舉錯以數，取與遵理，不可惑也；言無遺者，集肌膚，不可革也；讒人困窮，賢者遂興，不可匿也。故知知一則若天地然，則何事之不勝，何物之不應？」能夠得一，就可以應任一切，什麼欲、什麼病都不能侵害，壽命自然也可以長久得像天地一樣。從長壽思想生出彭祖、喬松底放事衝進而為不死藥底尋求，唱不死之道底結果便助長了神仙底思想。

乙 《淮南子》及陰陽五行說

淮南子劉安是漢高祖底孫，父為淮南厲王劉長。文帝封安於淮南，使襲文爵。安好讀書、鼓琴，不喜田獵，得百姓愛戴；又廣延賓客，招致方術之士數千人。其中以蘇飛、李尚、左吳、田田、雷被、毛被、伍被、晉昌八人為最著。這八人又稱八公，今安徽壽縣底八公山，《水經注．肥水》說山上有劉安廟，廟中有安及八士底像，廟前有碑，為齊永明十年所建。八公之外，還有大山、小山之徒。劉安與諸人講論道德，總統仁義，而著《鴻烈解》。書底主旨近於老子底淡泊無為，蹈虛守靜。號為「鴻烈」，鴻是大，烈是明底意思，劉向校定，名之為灕南太《漢書》說淮南王有《內書》二十一篇，外書三十三篇，中書》八卷。《外書》與《中書》已亡，今存《內書介十一篇。這書與《莊子》有密切關係，今本《莊子》底纂集或者也是成於劉安賓客底手。《淮南》卷末底《要略》把全書各篇底大意總括起來說明其內容。現在把各篇底要旨抄錄在底下。

《原道》者：虛牟六合，混燉萬物，象太一之容，測窈冥之深，以翔虛無之效；託小以苞大，守約以治廣，使人知先後之禍福，動靜之利害，誠通其志，浩然可以大觀矣。欲一言而席，則尊天而保真；欲再言而通，則賤物而貴身；欲參言而究，則外物而反情。執其大指以內治五藏，截港肌膚，被服法則，而與之終身，所以應待萬方，覽耦百變也。

若轉丸掌中，足以自樂也。

《俶真》者：窮逐始終之化，嬴坪有無之精，離別萬物之變，合約死生之形，使人遺物反已，審人仁義之間，通同異之理，觀至德之統，知變化之紀，說符元妙之中，通回造化之母也。

《天文》者：所以和陰陽之氣，理日月之光，節開塞之時，列星辰之行，知逆順之變，避忌諱之殃，順時運之應，法五神之常，使人有以仰天承順而不亂其常者也。

《地形》者：所以窮南北之修，極東西之廣，經山陵之形，區川穀之居，明萬物之主，知生類之眾，列山淵之數，規遠近之路，使人通回周備，不可動以物，不可驚以怪者也。

《時則》者：所以上因天時，下盡地力，據度行業，合諸入則，形十二節，以為法式，終而復始，轉於無極，因循仿依，以知禍福，操告開塞，各有龍忌，發號施令，以對教期，使君人者知所以從事。

《覽冥》者：所以言至精之通九天也，至微之論無形也；純粹之入至清也，昭昭之通冥冥也。乃始攬物引類，覽取橋掇，浸想宵類，物之可以喻意象形者，乃以穿通窘滯，決該變塞，引人之意，系之無極。乃以明物類之感，同氣之應，陰陽之合，形坷之朕，所以令人遠視博見者也。

《精神》者：所以原本人之所由生，而曉席其形骸九竅取象與天合約，其血氣與雷霆風雨比類，其喜怒與晝宵寒暑並明。審死生之分，別同異之跡，節動靜之機，以反其性命之宗，所以使人愛養其精神，撫靜其魂魄，不以物易已，而堅守虛無之宅者也。

《本經》者：所以明大聖之德，通維初之道，坪衰世古今之變，以褒先世之隆盛，而貶末世之曲政也。所以使人黜耳目之聰明，精神之感動，博流通之規，節養性之和，分帝王之操，列小大之差者也。

《主術》者：君人之事也，所以因作任督責，使群臣各盡其能也。明攝權操柄以制群下，提名責實，考之參伍，所以使人主秉數持要不妄喜怒也。其數直施正邪，外私而立公，使百官條通而輻輳，各務其業，人致其功，此主術之明也。

《謬稱》者：破碎道德之論，差次仁義之分，略雜人間之事，總同乎神明之德，假象取耦，以相譬喻，斷短為節，以應小具，所以曲說攻論，應感而不匱者也。

《齊俗》者：所以一群生之短修，同九夷之風氣，通古今之論，貫萬物之理，財制禮義之宜，摩畫人事之終始者也。

《道應》者：攬掇遂事之蹤，追觀往古之跡，察禍福利害之反，考驗乎老莊之術，而以合得失之勢者也。

《已論》者：所以箴縷煤級之間，微辭倪鍋之那也。接控直施，以推本樸，而非見得失之變，利病之反，所以使人不妄沒於勢利，不誘惑於事態，有符礦晚，兼稽時勢之變，而與化推移者也。

《詮言》者：所以譬類人事之指，解喻治亂之體也。差擇微言之吵，詮以至理之文，而補縫過失之闕者也。

《兵略》者：所以明戰勝攻取之數，形機之勢，詐話之變，體因循之道，操持後之論也。所以知戰陣分爭之非道不行也，知攻取堅守之非德不強也。誠明其意，進退左右無所失，擊危乘勢以為資，清靜以為常，避實就虛，若驅群羊，此所以言兵也。

《說山》、《說林》者：所以竅窕穿鑿百事之壅遏，而通行貫扃萬物之婆塞者也。假譬取象，異類殊形，以領理人事之意，解墮結細，說捍摶國，而以明事壞事者也。

《人間》者：所以觀禍福之變，察利害之反，鑽脈得失之跡，標舉終始之壇也。分別百事之微，敷陳存亡之機，使人知禍之為福，亡之為得，成之為政，利之為害也。誠喻至意，則有以傾側偃仰世俗之間而無傷乎讒賊螫毒者也。

《修務》者：所以為人之於道未淹，味論未深，見其文辭，反之以清靜為常，恬淡為本，則懈墮分學，縱慾適情，欲以偷自佚而塞於大道也。今天徵者無憂，聖人亦無憂；聖人無憂，和以德也；狂者無憂，不知禍福也。故通而無為也，與塞而無為也同，其無為則同，其所以無為則異。

故為之浮稱流說其所以能聽，所以使學者事事以自幾也。

《泰族》者：根八極，能高崇，上明三光，下和水土，經古分之道，治倫理之序，總萬方之指而歸之一本，以經緯治道，紀綱王事。乃原心術，理性情，以論清平之靈，澄徹神明之精，以與天和相嬰薄，所以覽五帝三王，懷天氣，抱天心，執中含和，德形於內。以著凝天地，發起陰陽，序四時，正流方，接之斯寧，推之斯行。乃以陶冶萬物，遊化群生，唱而和，動而隨，四海之內一心同歸。故景星見，祥風至，黃龍下，鳳巢列樹，磷止郊野。德不內形，而行其法藉專用制度，神扶弗應，福祥不歸，四海不賓，兆民弗化，故德形於內，治之大本。此《鴻烈》之《泰族》也。

以上是今本《鴻烈》底大意。說二十一篇，實際只二十篇，因為末篇《要略》不過是前二十篇底提要而且。《要略》在後段也說：「故著書二十篇，則天地之理究矣，人間之事接矣，帝王之道備矣。」這裡可以看出《淮南子》底內容很廣泛，幾乎是戰國至漢話派思想底總彙。《天文訓》與《時則訓》主於陰陽家底學說。《地形圳》與形方家底說法。《主術訓》折衷法家、名家底見解。《繆稱訓》是儒家底，與子思底思想很相同。《修務訓》與《齊俗訓》取農家之言。《兵略訓》為兵家之言。以上幾篇與其他諸篇底中心思想為道家底。漢初一般道家多以黃老並稱，而《淮南》獨尊老莊，可以看這書是傳老莊思想底正宗。老在並稱初見於《淮南子・要略訓》在《道應訓》上底話，而《道應訓》底內容又與《韓非》底《喻老》很相近，想是《道德經》

古注底一種。在《淮南子》裡引證《道德經》及《莊子》為立論根據底地方很多，又可見作者是傳老莊思想底。《原道訓》底主張全出於《莊子》：其尊天保真，是莊子底根本學說；賤物貴身，是《在餚》等篇底意思；外物反情是刻意、繕性等篇底主張。綜觀帷南》全書是以老莊思想為中心來折衷戰國以來諸家底學說，可以看為集漢代道家思想底大成。

《淮南》最古的注有許慎及高誘二家。舊傳《道藏》本有許注民人，但與高注相混，不易分明。陶方傳疑《原道》以次至《修務》十三篇底往多詳，《繆稱》以下八篇多略，詳者當是許、高注雜混在內，略者必系一家之言。來蘇魏公校集》內有《校淮南子》，題敘云，《集賢》本卷末前賢題載云：許標其首，皆是閒信，鴻烈之下，謂之記上；高題卷首，皆謂之《鴻烈解經》，《解經》之下，曰《高氏注》，每篇下皆日訓，又分數篇為上下。此為二本不同處。《隋唐書．經籍志》記許慎注二十卷，高誘注二十一卷，《舊唐書》載《淮南商信》二十一卷（商信即間治之訛），高誘注二十一卷，唯《宋史．藝文志》載許慎注二十一卷，高誘往十三卷。今《原道》以次有題篇者適十三篇，大概北宋時高注僅存此數，與蘇魏公所說高注十三篇相符，至於許注二十一卷，乃合高注而言，故知高注篇內必混入許氏殘注。故來本及《道藏》本並題為漢太尉祭酒許慎記上，而《緩稱》以下幾篇全無高注，只存許氏殘說，故往獨簡。陶氏本此以著《淮南許注異同治》，今《淮南依本以劉文典先生底《淮南鴻烈集解》為最備。

丁　陰陽思想

在《淮南》裡可以看為道家新出的思想便是陰陽五行說。衛生保身是生活底問題，而陰陽五行為宇宙問題。在戰國末年道家都信陰陽五行之說。「陰陽」這名辭初見於《老子》，其次為《易．繫辭傳》、《荀子》、莊子八《韓非子》、《呂氏春秋》，凡戰國末年所出底書沒有不見這兩字底。《荀子．王制篇》：「相陰陽，占沒兆，鑽龜陳卦，主攘擇五卜，知其吉凶妖祥，傴巫跛擊之事也。」在那時底巫現已能採用陰陽說，足見此說流布底廣。《史記．孟子荀卿傳》說鄒衍說陰陽，衍為西紀元前三世紀底人物，在《孟子贍未見「陰陽」這辭，可知在孟子時代，這說還不流通，到荀子時代便大行了。後來的儒家甚至也多採用陰陽說。在戰國末或漢初所成底《易．

說卦傳》有「立天之道，曰陰與陽；立地之道，曰柔與剛；立人之道，曰仁與義」及「分陰分陽，迭用柔剛」底文句，是以仁義配陰陽。或者孟子還尊孔子底不問聞天道，故單說仁義，但在一般的儒家在宇宙論上已採用了陰陽說，如《禮記．樂記》與《鄉飲酒義》都以陰陽配仁義。漢代於仁義禮智四端加入信底一端，以配五行，於是陰陽與五行二說結合起來。但儒書裡也有單來五行說底。如《洪範》庶徵中說五行而不說陰陽是一個例。《洪範》底體裁很像戰國末年底作品，為《尚書》中最新的一部，大概這書也是注重人生方面，所以忽略了宇宙論底陰陽說罷。自戰國末至漢初，陰陽說漸流行，甚至用來配卦占夠。對於利底解釋也採用陰陽說，《禮記》中附會陰陽底如《郊特糊、《禮器》、《祭統》、《儒行》、《鄉飲酒義》等，都是。《大戴記》及《韓詩外傳》亦多見陰陽說，董仲舒底思想也是陰陽化底政治論，此外《墨子》、《管子》、《韓非》都有為後學所加底陰陽說。

道家底著作中說陰陽越多底，年代越後。《莊子》底《德充符》、《在看》、《天地》、《天道》、《天運》等，多半受陰陽說底影響。《莊子》裡越晚的篇章，陰陽這兩字越多見。《淮南》裡頭，陰陽思想更屬重要。我們可以說陰陽說底流行始於西曆紀元前約三世紀之初，而盛於漢代。《呂氏春秋》十二月紀底二〇三、七、八月，《仲夏紀》底位樂篇》，《季夏紀》底《音律篇》等，都有「陽氣」、「陰氣」底名辭。陰陽是屬於氣底，《莊子．則陽》有「天地者，形之大者也；陰陽者，氣之大者也」底話，《淮南．天文訓》「天地之襲精為陰陽，陰陽之專精為四時」，高誘注「襲合也，精氣也」。《莊子．大宗師》，《淮南．俶真訓》、《泰族訓》等篇有「陰陽之氣」底話，通常學說「陰陽」便夠了。宇宙是形質或精氣所成，故《呂氏春秋．有始》說「陰陽材物之精』，《易．繫辭傳》也有「精氣為物」底文句。氣有陰陽，而此陰陽與物質底關係如何就不很明瞭。在宇宙裡，有明暗、晝夜、男女等等相對的差別，從經驗上說，別為陰陽，本無何等標準，但到後來一切生與無生物都有了陰陽的差別。有時以積極和消極的現象為判別陰陽底標準，例如，天文訓說：「積陽之熱氣生火，火氣之精者為日。積陰之寒氣為水，水氣之精者為月。」

氣，從超越陰陽底現象說，為永珍底根元。這氣也名為精，是萬物所共具，在《呂氏春秋．正月紀》八十月紀》、《十一月紀》裡有「天氣」、「地氣」，《二月紀》有「寒氣」、「暖氣」，《義賞篇浦「春氣」、「秋氣」，《應同篇》有五行之氣，這都是超越性質底氣。萬物得這氣才能把各個的精采或特能顯示出來。帕氏春秋．季春紀．盡數》說：「精氣之集也，必有人也。集於羽鳥，與為飛揚；集於走獸，與為流行；集於珠玉，與為精朗；集於樹木，與為茂長；集於聖人，與為復明。』汽在物體裡頭，無論是生物或無生物，都能發揮其機能或能力，故一切各有其特殊的氣。從性質說，氣有陰陽底分別。但這分別毫不含有倫理的或宗教的意義。鬼神、男女、善惡、生死等等，雖有陰陽底差異，在起頭並沒有什麼輕重。在《淮南子》時代，對於宇宙生成底神話好像有兩種，一是天地剖判說，一是二神混生說。前一說是渾飩初開，氣輕清者為天，氣重濁者為地底見解，《詮言訓》說：「洞同天地，渾飩為樸，未造而成物，謂之太一。同出於一，所為各異。有鳥，有魚，有獸，謂之分物。方以類別，物以群分，性命不同，皆形於有，隔而不通，分而為萬物，莫能及宗。」宇宙一切的事物都從太一剖判出來，故陰陽是從太一或太極分出底。《呂氏春秋．仲夏紀．大樂》說：「太一出兩儀，兩儀出陰陽。」又說：「萬物所出，造於太一，化於陰陽。」《易．繫辭傳》也說：「易有太極，是生兩儀。」《禮記汛運》說：「夫禮本於太一，分而為天地，轉而為陰陽，變而為四時，列而為鬼神。」這雖是解釋《荀子》裡底話，卻也源於道家底名詞。這「一」浮是道家所常用，有渾飩底意思。《天文訓》說：「天地未形，馮馮翼翼，洞洞洞矚，故口太陽。道始於虛零，虛霆生宇宙，宇宙生氣。氣有涯垠，清陽者薄靡而為天，重濁者凝滯而為地。清妙之合專易，重濁之凝竭難，故無先成而地後定。天地之襲精為陰陽，陰陽之專精為四時；四時之散精為萬物。積陽之熱氣生火，火氣之精者為日。積陰之寒氣為水，水氣之精者為月。日月之淫為精者為星辰。天受日月星辰；地受水潦塵埃。」二神混生說，如《精神訓》說：「古未有天地之時唯象無形，窈窈冥冥，芒支漠閔，傾像鴻洞，莫知其門。有二神混生，經天營地，孔乎莫知其所終極，滔乎莫知其所止息，於是乃別為陰陽，離為八極，剛柔相成，萬物乃形。煩氣為蟲，精氣為人。是放精神，天之有也；而骨骸者，地之有也。精神入其門，而骨骸反其根，我尚何存？是故聖人法天順情，不拘於俗，不誘於人，以天為父，以地為母，陰陽為綱，四時為紀。天靜以清，地定以寧，萬物失之者死，法之者生。」高誘注：「二神，陰陽之神也；混生，棋生也。」這是陰陽二氣。至於男女兩性，在《淮南》別篇裡還有一個化生者。做林訓》說：「黃帝生陰陽；上驕生耳目；桑林生臂手：此女婚所以七十化也。」文娟七十化不詳。黃帝，高誘注說：「古天神也。始造人之時，化生陰陽。上驕、桑林，皆神名。」相傳女媧也持土為人，依這裡底說法，兩性是黃帝所化生。個人身中也有陰陽，最主要的便是魂魄。《主術訓》說：「天氣為魂，地氣為魄，反之元房，各處其宅。守而勿失，上通

太一。太一之精，通於天道。天道元默，無容無則，大不可極，深不可測，尚與人化，知不能得。」《易．繫辭傳》「一陰一陽之謂道」也是一樣的意思。

陰陽在創物底事功上有同等的地位。一切事物都具有這二氣，故《荀子叫論》說：「天地合而萬物生，陰陽接而變化起。」《易》底八卦互合而為六十四卦也是本著這個原則而來。陰陽相互底關係有並存的與繼起的兩種。並存說是從生物上兩性接會底事情體會出來，如上頭所引機論》底文句，便是這個意思。《呂氏春秋．正月紀》，賜》泰卦《家傳》，《淮南．本經訓》等，都有天氣下降，地氣上騰，天地和合而後萬物化生底見解。陰陽底感應有同類相引，異類相會底現象。《呂氏春秋．審分覽．君守》說「以陽召陽，以陰召陰」，《覽冥訓》說「陰陽同氣相動」，是相引底現象。《覽冥訓》又說：「至陰飂飂，至陽赫赫，兩者交接成和而萬物生焉。眾雄而無雌，又何化之所能造乎？」這是異類相合痛說法。繼起說以陰陽性質相反恰如男女，故

時常現出調和與爭鬥底現象。陰陽二氣有這現象，才有生出萬物。若二氣配合則極平等，萬物便沒有特別的性質，一切都成一樣了。《韓非．解老》說：「凡物不併盛，陰陽是也。」這恐怕是漢初底說法。又，陰陽有動靜開閉底現象，如《莊子．天道》及《刻意》說：「靜與陰同德，動與陽同波。」順道訓他說：「與陰俱閉，與陽俱開。」故動是陽的，靜是陰的，開是陽的，閉是陰的。動靜開閉不能並存，故有繼起與胡勝底現象。《呂氏春秋．仲春紀》說仲春行冬令則陽氣不勝，注說因為陰氣乘陽，故陽氣不勝。陰陽在四時底次序上有一定的配置，時令不依次序則陰陽氣必因錯亂而相爭鬥。仲夏與仲冬是陰陽相爭底月分，一年之中二氣底強弱都從這兩個月分出來。晝夜底循環，寒暑底更迭，便是陰陽繼起底關係。這也可以名為陰陽消長說。《月令》與《呂氏春秋．十二月紀》便是本著這觀念而立底說法。在《荀子．天論》裡已有消長底觀念，如「列星隨旋，日月遞照，四時代御，陰陽大化，風雨博施，萬物各得其和以生，各得其養以成」，便是這說法。這思想是戰國末年成立底思想。陰陽消長與時間變化底關係，大概是由於生物現象由發生以至老死底觀念所暗示。動的、生的，屬於陽，靜的、死的，屬於陰，放生物在時間上有陰陽底分別。《呂氏春秋．季春紀．圖道》說：「物動則萌，萌則生，生則長，長則大，大而成，成乃衰，衰乃殺，殺乃藏，國道也。』衛明表示生物在時間上有動靜底現象。《恃君覽．知分篇》說得更明白：「夫人物者，陰陽之化也。陰陽者，造乎天而成者也。無固有衰賺廢伏，有盛盈益息，人亦有困窮屈匾，有充實達遂。此皆大之容物理也，而不得不然之數也。」

陰陽說本與道家思想不很調和，道家把它與自然無為連結起來，成為本派底宇宙觀。《莊子．知北遊》說「陰陽四時，執行各得其序」，與《天運》底「調理四時，太和萬物，四時迭起，萬物循生，一盛一衰，文武經綸，一清一濁，陰陽調和」，都是與無為結合起來底說法。《原道訓》底「和陰陽，節四時，而調五行」，也是從無為底觀點說。四時底執行是因陰陽底變化，如《莊子．則陽》說「陰陽相照，相蓋，相治；四時相代，相生，相殺」，都是道底表現。道家承認事物變化底現象，但對於變化底理由與歷程自派卻沒有說明，只採陰陽說來充數。《您真訓》起首說陰陽未分底境地，與《詮言訓》所說底太一，究竟是將陰陽化生萬物底說法附在道上頭。《本經訓》說：「帝者體太一，王者法陰陽，霸者則四時，君者用六律。秉太一者，牢籠天地，彈壓山川，含吐陰陽，伸曳四時，紀納八極，經緯六合，覆露照導，普泛無私，嫣飛蠕動，莫不仰德而生。陰陽者承天地之和。形萬殊之體，含氣化物，以成何類，贏縮卷舒，淪於不測，終始虛滿，轉於無原。四時者，春生，復長，秋收，冬藏；取予有節，出入有時；開闔張激，不失其敘；喜怒剛柔，不離其理。六律者，生之與殺也，賞之與罰也，予之與奪也，非此無道也，故謹於權衡準繩，審乎輕重，足以治其境內矣。是放體太一者，明於天地之情，通於道德之倫，聰明耀於日月，精神通於萬物，動靜調於陰陽，喜怒和於四時，德澤施於方外，名聲傳於後世。法陰陽者，德與天地參，明與日月並，精與鬼神總；戴國履方，抱表懷繩；內能治身，外能得人；發號施令，天下莫不從風。則四時者，柔而不脆，剛而不暇，寬而不肆，肅而不悖，優柔委從，以養群類，其德含愚而容不肖無所私愛。用六律者，伐亂禁暴，進賢而退不肖，扶撥以為正，壞險以為平，矯枉以為直，明於禁舍開閉之道，乘時因勢，以服役人心也。」這又是把太一。陰陽、四時、六律順序配合帝王霸君統治下底四等政治，顯然是太一高於陰陽，陰陽高於四時，四時高於六律底意思。六律或者包括禮樂在內。從生生底程式看來，萬物皆從一而生。被疑為後來補入底《老子》四十二章底「道生一，一生二，二生三，三生萬物」和「萬物負陰而抱陽，衝氣以為和」，在《天文訓》裡解說：「道始於一，一而不生，故分而為陰陽。陰陽和合而萬物生。故曰：一生二，二生三，三生萬物。」《淮南》裡也未解明為什麼是這樣生法。

在陰陽說上，道家採用來說明性情底是屬於陰靜底一點。萬物變化為無思、無慮、無慾、無為底自然歷程，故應守以虛靜。《說林》說：「聖人處於陰，眾人處於陽。」陽是活動，活動是有所作為，故聖人不處。此外與養生說也有關係。生所以能和順是因陰陽底調和。《泰族訓》說：「陰陽和而萬物生。」《極真訓》說：「聖人呼吸陰陽之氣，而群生莫不顒顒然仰其德以和順。」嗜慾情感不要過度，因為這和自然現象裡底四時不調和一樣足以傷身害生。四時不調，必有災異；情慾不和，必有疾病；這都是陰陽不調和所致。陰陽現象本無何等善惡底關係，後人以善屬於陽，惡屬於陰。是不合道家思想底。

丑　五行說

自齊威王、宣王底時代，稷下鄒衍之徒論著終始五德之運，五行玄學漸次流行於各派思想中間。這思想底根本是以宇宙一切的現象有一定的秩序，都受必然的法理，所謂五行所支配。五行是金、木、水、火、土。這五種物質，自然是人生所必須的，故在未經稷下學者說過以前，或者沒有何等玄學意義。後來用這五種物質附在星名上，因占星底關係而產生五行說。在《尚書．甘誓》有「有扈氏威侮五行，怠棄三正」底句。三正，前人改為天地人之正道，依新城先生底研究，說是春秋中葉以後所起底曆法。在用周正以後，春秋後期有所謂三正論。至春秋末期，更進一步取五行為五德終始說而為三正循環論。戰國時代以古代日用五要素底基配合新知底五星，而成立新的五行說。《皋陶漠》底「撫於五辰」，特秋繁露》底「天有五行」，都是指五星而言。邵康節《是極經世書》說：「五星之說，自甘公、石公始。」劉向計錄》說：「甘公，楚人，戰國時，作《天文星占》八卷。」又「石申，魏人，戰國時作《天文》八卷。」看來，觀測五星底元祖為甘公、石公。他們是占星家，以五星底執行與人間底水旱凶豐有必然的關係，於是開導了五行說。五行說底重要應用，為五德終始說，戰國時代底相勝說與漢代底相生說合起來，便成五行玄學。據現代研究底結果，五行各以其優勢支配萬物底見解，傳於文字底當以《呂氏春秋．十二月紀》所說底為最古。《禮記．月令》是取自《呂子》底。五行有性與質底兩方面：屬於性底，在《呂氏春秋．有始覽．名類》

裡有「木氣」、「火氣」它名稱；屬於質底，如《淮南・泰族訓》底說法。《泰族訓》與《洪範》一樣，在五行之外加谷為六府。《目子・似順論・處方》以金木水火底性質不同，說「金木異任，水火辣事」，也是從物質應用底方面說。自五星底知識發展，便將天地一切的原理都納在裡頭，將一切事物配置起來，例如《呂子・十二月紀》以五行配五帝人管子・五行則之配官職，《四時》以之配日月星辰、氣血骨甲等，《地員》以之配五音等。甚至不能配得恰當底也強配上，例如以五行配・四方，強加入中央主；配四季強以復季為土，黃色。到漢代，五行底分配更多。董子對策，以五行配仁義禮智信，實為最牽強的分配法底例。在理論底應用方面。如《地形訓》以五方說民俗物產底差異。《本經訓》以天下亂底原因是由於五遁，都是。

五行有相生相剋底現象，故歷代帝王以五行之德王天下。崔述《考信錄》疑相勝說始於騶衍，相生說始於劉向、劉款。但在《天文訓》與《地形訓》裡以五行有一定的秩序，終站循環，各有生壯老死底變化，故相生底觀念必然隨著相勝而起。生剋等於陰陽消長底現象，故《天文訓》強分一年為五分，於蒼龍。白虎、朱鳥、玄武之外加上中央底黃龍。陰陽五行說底根生相剋與天上五星經行底位置有關，這從《呂子・

有始》和《淮南．天文訓》可以看出來。《天文訓》說冬至為陰氣極，陽氣前，夏至為陽氣極，陰氣前；又說「日冬至則水從之，日夏至則火從之」。以下接著說五行相勝，影響於時序人事上底理。《天文訓》說「水生木，木生火，火生土，土生金」，《地形訓》裡說：「木勝土，土勝水，水勝火，火勝金，金股木……木壯，水老，火生，金囚，土死；火壯，木志，土生，水囚，金死；上壯，火老，金生，木囚，水死；金壯，上老，水生，火囚，木死；水壯，金老，木生，土囚，火死。』湘生相剋底現象，細說起有壯、老、生、囚、死五個程式。這程式是互相更代底，實在是消極與積極底關係。《兵略訓》說：「奇正之相應，若水火金木之代為雌雄也。』市雌雄然後顯出生剋底現象，所以在《漢書．五行志》裡說五行底扎牡關係。

相生相剋說以為五行之氣依序而生，像四季底循環一樣。從經驗說，這不能認為必然的關係與順序。五行之氣，各在其分量和活動底範圍內保持獨立底狀態，一與它氣接觸便現生剋作用。生剋作用，不能說木定能克士，火定能勝金，或火定能生土，土定能生金，此中有強弱和中和底清形。故《說林訓》說：「金股木者，非以一刃殘林也；土勝水者，非以一埃塞江也。」不但如此，五行中各相混雜，像粟得水，到發芽底程度會生熱，燒得火會出蒸氣，是「水中有火，火中有木」底原故。

在生物界裡，五行只造成體質，與魂魄沒有什麼關係。譬如人死之後，形體各歸五行，而魂魄卻不屬於任何行。《精神訓》與《主術訓》以魂為天氣所成，魄為地氣所成，《禮記．郊特牲》說人死時，「魂氣歸於天，形魄歸於地」。若說魂魄終要歸入五行，必是間接從天地之氣還原，但當時底五行家沒說到這一點。《關尹子．四符篇》以精配水，魄配金，神配火，魂配木，乃是後起的說法。中國底五行說與印度底四大說底不同便在這裡。

第六章　神仙底信仰與追求

道家底養生思想，進一步便成為神仙信仰。神仙是不死的人，求神仙便是求生命無限的延長。這說本與道家全天壽底見解不調和，因為養生說者有養形養神底主張和道與天地同體無始無終底說法，所以與神仙底資格很合。又，道家文學每多空想，或假託古人神人，也容易與神仙家底神仙故事結合起來。

神仙信仰底根源當起於古人對於自然種種神祕的傳說。如《山海經》裡所記底山神水怪都留著自然神話底影子。又如《楚辭》底《離騷》、《九歌》、《天問》等篇，都顯示著超人間生活底神仙意識。那種超人是不老不死，不為物累，遊息自在，無事無為，故為道家所羨慕。在《老子》裡，稱理想的人格為「聖人」，《莊子》稱之為「至人」、「神人」、「真人」，從名稱上可以看出道家底超人思想漸次發展底歷程。聖人是在人間生活底，至人、神人、真人便超脫人間，所謂遊於「方外」域「物外」底人。道家採取民間傳說中底超人或神仙生活來做本派理論底例證。當時的小說家與賦家也同樣地用那些故事來做文章，還未形成求神仙底可能底信仰。到方士出來唱導，而產出所謂神仙家，於是求不死藥、求神仙底便盛起來。

當戰國齊威王、宣王底時代，神仙信仰底基礎已經穩定，齊人騶衍於是將它造成陰陽消息、五德終始底理論以遊說諸侯。現存底騶衍底思想斷片見於《論衡．談天》、《鹽鐵論．論鄒》及《史記》。《史記．孟河傳》記騶衍底事蹟說：

騶衍睹有國者益淫侈，不能尚德，若大雅整之於身，施之於黎庶矣，乃深觀陰陽消息而作怪迂之變，終始太聖之篇十餘萬言。其語閎大不經，必先驗小物，推而大之，無於無垠。先序今以上至黃帝學者所共術大並世盛衰，因載其機樣度制，推而遠之，至天地未生，窈冥不可考而原也。先列中國名山、大川、通谷、禽獸、水土所殖，物類所珍，因而推之，及海外，人之所不能睹。稱引天地剖判以來，五德轉移，治各有宜，而符應若茲。以為儒者所謂中國者於天下，乃八十一分居其一分耳。中國名目赤縣神州。赤縣神州自有九州，禹之序九州是也，不得為州數。中國外如赤縣神州者九，乃所謂九州也。於是有種海環之，人民禽獸莫能相通者，如一區中者，乃為一州。如此者九，乃有大流海環其外，天地之際焉。其術皆此類也。然要其歸，必止乎仁義節儉，君臣上下六親之施始也濫矣。王公大人初見其術懼然顧化，其後不能行之。是以騶子重於齊適梁，梁惠三郊迎，執賓主之禮；適趙，平原君例行撤席；如燕，昭王擁著先驅，請列弟子之座而受業，築喝石官，身親往師之，作《主運》。其遊諸侯，見尊禮如此，豈與仲尼菜色陳蔡，孟柯困於齊梁同乎哉？

從這段話看來，求神仙底最初步驟是先找到神仙所住底地方。在戰國未，天文地理底知識發達，翳衍一方面從自然現象底變化附會陰陽五行說以說明人間底命運，一方面依所知底地理以尋求仙人住處。方士及文學之士又增益許多怪異的說法，仙人與不死藥底信仰因此大大地流行，到秦始皇，更為隆盛。《史記．封禪書》說：

自齊威、宣之時，翳子之徒論著終始五德之運，及秦帝而齊人奏之，故始皇採用之。而宋毋忌、正伯僑、充尚、羨門子高，最後皆燕人，為方仙道，形解銷化，依於鬼神之事。翳衍以《陰陽》、《主運》顯於諸侯，而燕芬海上之方士傳其述不能通，然則怪迂阿諛苟合之徒自此興，不可勝數也。自威宣燕昭使人入海求蓬萊、方丈、流州，此三神山者，其傳在勃海中，去人不遠，患且至則船風引而去。蓋嘗有至者，諸仙人及不死之藥皆在焉。其物禽獸儘自，而黃金銀為它閉，未至望之如雲，及到，三神山及居水下，臨之，風輒引去，終莫能至雲。——世主莫不甘心焉。及至秦始皇並天下，至海上，則方士言之不可勝數。始皇自以為至海上而恐不及矣，使人乃資童男女入海求之，船交海中，皆以風為解，曰：「未能至，望見之焉。」其明年始皇復遊海上，至琅邪，過恆山，從上黨歸。後三年遊碣石，考入海方士，從上郡歸。後五年，始皇南至湘山，登會稽並海上，冀遇海中三神山之奇藥，不得，還至沙丘，崩。

始皇到處封禪，求不死之藥，可以說最熱心求神仙底第一人。漢武帝時，這信仰更加發展，直到漢末張道陵之徒採神仙家底信仰以立道教。魏晉以後，神仙底尋求乃成為道士所專底事業。但在神仙說初行底時候，也有一派只以神仙舢山或帝鄉來寄託自己的情懷，不必信其為必有，或可求底。這派可以稱為騷人派。騷人思想實際說來也從神仙思想流出，而與道家底遺想更相近。《楚辭》裡如「漠虛靜以恬愉兮精無為而自得」，「下睜餓而無地兮，上寥廓而無天；視倏忽而無見兮，聽倘恍而無聞；超無為以至清兮，與泰初而為鄰」，都含著很深沈的道家思想。在《離騷》裡充分表現道家化的騷人思想。漢初賈誼之《吊屈原》人鵬鳥賦》，取意於《莊子》，還帶著悲觀的騷人情調，但到了司馬相如，便從愁怨變為蕭灑出塵之想了。

神仙住處在典籍上，以《列子》所載底為最多。青木先生說神仙說底發展可以分為地仙說與天仙說兩種，而地仙說更可分為山岳說與海島說。山岳說以仙山為在西方底山岳中，以崑崙山為代表。海島說以為在勃海東底海中神山。神仙住在山上源於中國古代以山高與天接近，大人物死後，靈魂每歸到天上，實也住在山頂。他海經》稱崑崙說是「帝之下都」，其餘許多山都是古帝底臺。神仙思想發達，使人想著這種超人也和古帝一樣住在山上。故神仙住在山岳上比較海上及天上底說法更古。在《楚辭》、《莊子》、《山海經》所記底神仙都是住山岳底。到齊威、直以後才有海上神山底說法。海上神山不能求得，乃漸次發展為住天上底說法。可以說自漢代以後才有昇仙底故事。

《列子》所記底神仙故事，可以看出秦漢人先從神人住處再發展到不死國底追求。神人住處，只是理想國，不必是真境，如化人宮、華前國、終北國、列姑射山是。神仙住處，是不死國人以為實有其地，可以求到底。

一、《化人之宮這記載在惘穆王》第一段。

周穆王時，西極之國有化人來，入水火，貫金石，及山川，移城邑，乘虛不墜，觸實不核，千變萬化，不可窮極，既已變物之形，又且易人之慮。穆王敬之若神，事之若君，推路寢以居之，引三牲以進之，選大樂以娛之。化人以為王之富室卑陋而不可處；王之後撰腥線而不可饗；王之嬪御羶惡而不可親。穆王乃為之改築，土木之功，儲聖之色，無遺巧焉。五府為虛，而臺始成，其高於惻，臨終南之上，號日中天之臺。簡鄭衛之處於，娥描靡曼者，施勞澤，正峨眉，投棄馬，衣阿錫，曳齊紈，粉白黛黑，佩玉環，雜益若，以滿之；奏《承雲》、《六瑩》、《九韶》、《晨露》以樂之。月月獻玉衣，旦旦薦玉食，化人猶不捨然，不得已而臨之。居士幾何，謁王同遊。正執化人之祛，騰而上者中天乃止暨及化人之官。化人之官，構以金銀，絡以珠玉，出雲雨之上而不知下之據，望之若屯雲焉。耳目所視聽，鼻口所納嘗，皆非人間之有。王實以為清都、紫微、鈞天、廣樂，帝之所居。王儲而視之，其宮樹若累塊積蘇焉。王自以後數十年不思其國也。化入復謁王同遊，所及之處，仰不見日月，俯不見河海。光影所照，王目眩不能得稅。音響所未，王耳亂不能得聽。百骸六髒，修而不凝，意迷精喪，請化人求還。化人移之，王若殞虛焉。既輯，所坐猶曏者之處；侍御猶曏者之八；視其前，則酒未清，餚未矚。王問所從來。左右自：「王默在耳。』油此，穆王自失者三月，而復更問化人。化人口：「號與王神遊也，形奚動哉？且囊之所居，莫異王之宮？囊之所遊，奚異王之圃？王問恆疑，暫亡變化之極，疾徐之間，可盡模哉？」這是精神遊於天上底仙鄉底例。實際地說，不過是方士底幻術，因與道家遠遊底思想相合，故作者採為穆王周遊底引子。這故事恐怕是經過魏晉間底創作。文體也不很早，絕不像出於秦漢人底手。

二、華前國華普國底放事性質也與化人宮相似，記黃帝做夢遊到那裡。

作者藉神仙家說來描寫道家底理想國。在《老子》底小國寡民主義和《莊子．山木》底建德之國底理想上，華管國加上神仙的氣味。《黃帝篇》說黃帝底夢遊說：

華管氏之國在拿州之西，臺州之北，不知斯齊國幾千萬里，蓋非舟車足力之所能及，神遊而已。其國無帥長，自然而已；其民無嗜慾，自然而已。不知樂生，不知惡死，故無夭殤。不知親已，不知疏物，故無愛憎。不知背逆，不知向順，故無利害。都無所愛憎，都無所畏忌，入水不溺，入火不熱，研撻無傷痛，指擿無痕癢，乘空如履實，寢虛若處床。雲霧不核其視，雷霆不亂其聽，美惡不滑其心，山谷不顧其步，神行而且。黃帝既寐，怕然自得，召天老力牧，太山稽告之曰：「朕閑居三月，齋心服形，思有以養身治物之道，弗獲其術，疲而睡，所夢若此。今知至道不可以情求矣。朕知之矣，朕得之矣，而不能以告若矣！」

又二十有八年，天下大治，幾若華胥氏之國，而帝登假，百姓號之，二百餘年不輟。

黃帝昇天之說始於漢代，大概是在道家推尊他為教祖以後。在戰國時代想必有許多假託黃帝底書，故在《列子》裡常見「黃帝之書日」底弓向。漢初黃老道確立，對於黃帝底神話也隨著創造出來。華前國可以看為漢代道家底理想。

三、終北國《埸問篇》說禹曾到此國，周穆王也到過。這國底情形是：

濱北海之北，不知距齊州幾千萬里，其國名日終北，不知際畔之所齊限。無風雨露露，不生鳥獸蟲魚草木之類。四方悉平，周以喬涉。當國之中有山。山名壺領，狀若額甄，頂有口，狀若員環，名日滋穴，有水湧出，名日神演，臭過蘭椒，味過酷酸。一源分為四，評註於山下，經營一國，土不悉遍。土氣和，亡札厲。人性婉而從物，不覺不爭，悉而弱骨。不驕不忌，長幼儕居，不君不臣。男女雜遊，不媒不聘。緣水而居，不耕不稼。土氣溫適，不織不衣。百年而死，不夭不病。其民事阜，亡數有喜樂，亡衰老哀苦。其俗好聲，相攜而迭謠，終日不輟音。飢俄則飲神演，力志和平，過則醉，經旬乃醒。休浴神演，膚色脂澤，香氣經旬乃歇。

終北底人民所過底是極自然的生活，但到時候也會死。神演不是不死藥，只是～種生命酒。這國人沒有衰老哀苦，只有生死，還儲存著純粹的道家理想。

四、列姑射山從《莊子．逍遙遊》裡「藐姑射之山有神人居焉」一句看來，姑射山在很早的時候已被看為神人居住底處所。他海經》記姑射已有海陸二處。《東山經》記姑射、北姑射、南姑射三山；《海內北經》記列姑射及姑射國。郝懿行《山海經箋流洶《莊子》所雲藐姑射之山在汾水之陽，而列姑射則在海河洲中。這可以看為從山岳說移到海島說底例。《黃帝篇》說：

> 列姑射山在海河洲中。山上有神人焉，吸風飲露，不食五穀，心如淵泉，形如處女。不偎不愛，仙聖為之臣。
>
> 不畏不怒，願慤為之使。不施不惠，而物自足。不聚不斂，而已無想。陰陽常調，日月常明，四時常若，風雨常均，字有常時，年穀常豐，而土無札傷，人無天惡，物無疵病，鬼無靈響焉。

這也是從道家思想創造出來底。總以上諸處底情況說來，那裡底土地是很豐裕，氣候是極其和適。飲食男女之事未嘗沒有，不過順自然的要求而行便了。那裡底人物個個像處子一樣，沒有衰老疾病愁苦底事，隨意所適，上天入地都很自在。沒有社會國家，沒有上下尊卑，人人都不受任何拘束和裁製。活到天年完盡底時候也就物化了。嚴格說來，這還木是他鄉，因為仙鄉必有不死藥，只有生而無死。神仙信仰發展後，方士才認定在地上確有仙人住處，不像從前的空想了。這實在的仙鄉不在天上而在離人間遙遠的地方，最著的是崑崙山與勃海中底三神山。此中，崑崙底故事恐怕是仙鄉最古的傳說。

一、崑崙山《周穆王》說穆王聽化人底話，一意求仙，不恤國事，不樂臣妾，肆意遠遊。命駕八駿之乘，右服騮緊而左綠耳，右驂赤驥而左白梁。主車則造父為御，離商為右。次車之乘，右服渠黃而左逾輪，左驂盜細而右山子。柏夭主車，參百為御，奔戎為右。馳驅千里，至於巨蒐之國。巨蒐氏乃獻白鵠之血以飲王，具牛馬之湩以洗王之足及二乘之人。已飲而行，遂宿於崑崙之阿，赤水之陽，別日升崑崙之丘，以觀黃帝之宮而封之以治後世。遂賓於西王母，觴於瑤池之上。西王母為王謠，王和之，其辭哀焉。乃觀日之所入，一日行萬里。王乃嘆曰：放乎！予一人不盈於德而諧於樂，後世其追數吾過乎？

這記載與《穆天子傳》差不多。穆王駕八駿周遊天下底傳說，也見於《楚辭．天問》「穆王巧梅，夫何為周流？環理天下，夫何索求？」可見這傳說在騷人時代已從北方傳到南方。西王母所住底地方本與崑崙無涉，《莊子．大宗師》記在崑崙底神名堪壞，而西王母所住底是少廣。少廣，注說「司馬雲穴名，崔雲山名，或西方空界之名」。《山海經．西山經》說西王母所住底是玉山，玉山在崑崙之西，亦名群玉山。《海內北經》「西王母梯凡而戴勝權。其南有三青鳥，為西王母取食，在崑崙虛北」，《淮南子．地形訓》「西王母在流沙之瀕」，是指西王母石室所在，也與崑崙無關。西王母底原始形狀也不是神仙，只是一種山怪。《山海經．西山經》說它底形狀如人，豹尾、虎齒、善嘯、蓬髮、戴勝，居河水之涯，司天災及五殘。其次，有以西王母為西方底國名底，例如《爾雅．釋地》說：「孤竹，北戶，西王母，日下，謂之西荒。」以西王母為女仙，大概是道教成立以後，魏晉時代底說法。《洞冥記》及《漢武內傳》都是魏晉間底作品，故所記西王母與漢武帝底關係都是很晚的話。在魏晉間更以東五公與西王母對待，以他們為男女仙底領袖，如《神異經》及《拾遺記》所記都是當時底道士所造出底。

關於崑崙山，記得最詳的或者是《淮南．地形訓》，及《山海經．西山經》及《海內西經》。《地形訓》說：「掘崑崙山虛以下地中有增城九重，其高萬一千里，百十四步二尺六寸。上有木禾，其修五尋：珠樹、玉樹、徒樹、不死樹，在其西；沙棠、琅玕，在其東；絳樹在其南；碧樹、瑤樹，在其北。旁有四百四十門，門間四裡，裡間九純，純文五尺。旁有九井，玉橫維其西北之隅。北門開以內不周之風。傾宮、旋室、縣圃、涼風、樊桐，在崑崙門閥之中，是其疏圃。疏圃之地，浸之黃水。黃水三周復其原，是謂丹水，飲之不死。河水出崑崙東北陬，貫渤海人禹所導積石山。赤水出其東南椰，西南注南海丹澤之東。赤水之東，弱水出自窮石至於合黎，餘吸入於流沙；絕流抄，南至於海。洋水出其西北陬，入於南海羽民之南。凡四水者，帝之神泉，以和百藥，以潤萬物。崑崙之丘，或上倍之，是謂涼風之山，登之而不死；或上倍之，是謂縣圃，登之乃靈，能使風雨臧上倍之，乃維上天，登之乃神，是謂太帝之居。」

《他海經》所記底與上頭所引差不多，不必盡錄。此地說掘崑崙虛以下，地中有增城九重，再高起來。對於九重城底高，《楚辭．天問》還未說明，也許是後來底想像。山上有木禾，圍著種種寶樹，還有四百四十道門。木禾旁邊有九口井，西北角懸著受不死藥底玉橫。玉橫或是玉液。這裡可注意底，是不是古代傳說裡，人死後所到底九泉便是這九口井或井外底九條泉水？九泉是否生命泉也有研究底價值。九泉在什麼地方，歷來沒人說過，但知其中或者有一條名為黃泉。依《莊子．秋水》「彼方跐黃泉而登大皇』底意義看來，黃泉是一個登天底階級。前面說掘崑崙虛以下，得著這樣的高丘，上頭有九口井，還有黃水、丹水。《左傳》隱西元年穎考叔教鄭莊公掘地為黃泉以會母，也暗示這泉是在地中。或是從地中底水源流出，而諸水底總源是黃泉也不可知。《海內西經》未記黃水，只出赤水、河水、洋水、黑水、弱水、青水底名；《西山經》以四水注入四水，說河水注於無達，赤水注於江天，洋水注於丑塗，黑水注於大杅。如將《西山經》底八水加入總源黃水，那便成為九泉了。黃水三周復其原為丹水，是黃水與丹水無別，具要掘地然後能見，其餘八水之源或者也在地下。自然，所謂地下也是象徵的，因為是從崑崙上掘下去，雖名為下，實在是上。扁鵲受長桑君底藥，和以上池底水，上他是否即是黃水？黃水既又名丹水，後來道主底不死藥名為「丹」，是否也從丹水而來？都是疑問。大概人死，精靈必到這泉或九泉住，到神仙思想發達，便從鬼鄉變為仙鄉，或帝鄉，以致後人把在崑崙底九井黃泉忘掉。中國古傳黃帝之冑來自崑崙，人死每想是歸到祖先底住處，所以鬼歸於黃泉，也許是這信仰底暗示。自九泉變為他鄉，於是為死靈再找一個陰間在北方，後來又從北方東移到泰山，又西移到那都去。黃帝同崑崙底關係，也見於《莊子．天地》。

又，《海外南經》也有崑崙虛底名，畢沅說：「此東海方文山也。《爾雅》云：三成為崑崙丘，是崑崙者，高山皆得名之。此在東南方，當即方丈山也。《水經注》云：東海方丈亦有崑崙之稱。是崑崙不止一處，凡高到三成底都可以用這名稱。

二、大壑五山這是最詳備的海島說。五神山亦作三神山，因為有二山已流失了。《埸問篇》記：

勃海之東不知幾億萬里，有大壑焉，實為無底之谷。其下無底，名日歸墟，八紂九野之水，天漢之流，莫不注之，而無增無減焉。其中有五山焉：一日岱輿，二日員橋，三日方壺，四日瀛洲，五日蓬萊，其山高下周旋三萬里，其頂平處九千里。山之中間，相去七萬里，以為鄰居焉。其上臺觀皆金玉。其上禽獸皆純搞。珠評之樹皆叢生，華實皆有滋味，食之皆不老不死。所居之人，皆有仙聖之種。一日一夕，飛相往來者，不可數焉。而五山之根，無所連著，常隨波上下往還，不得暫峙焉。仙聖毒之，訴之於帝。帝恐流於西極，失群聖之居，乃命高疆使巨鰲十五，舉首而戴之，迭為三番，六萬歲一交焉。五山始峙而不動。而龍伯之國有大人，舉足不盈數步而暨五山之所，一釣而連六鰲，合負而趣歸其國，灼其骨以數焉。於是岱輿、員橋二山流於北極，沈於大海。

仙聖之播遷者巨億計。帝憑怒，侵滅龍伯之國使附，侵小龍伯之民使短，至伏索、神農時，其國人猶數十丈。

海上三神山在騶衍時已經流行，想是神山最古的說法，到後來才加上二山為五神山。鰲負五山也是從古代傳說而來。《楚辭．天問》「鰲戴山懷，何以安之廣可見戰國末年對於海洋底知識漸廣，而未明深海忽視高山底理，以為底下必有巨鰲負著，或則隨波上下，不能停住。印度古代底地理見解也是如此，以為地下也有大鰲負著。關於二神山流失底話，想是後起的。終北國中底壺領，或是員橋流到北極底變形故事。對於神山底信仰，另一個說法是當時誤以蜃樓現象為實在，如說望之如雲，到時卻在水中，一切的顏色都是白的，都是屬於蜃樓底記事。自魏晉以後，神山底名目越多，例如王嘉《拾遺記》有崑崙、岱奧、昆吾、洞庭、蓬萊、方丈、瀛洲、員橋八山。《拾遺記》又有三壺底名目。三壺即海上三神山，方丈為方壺，蓬萊為蓬壺損洲為漏壺。秦漢人主所求底是海上這三座山。為他們做這種事情底都是方士。方士是明方技底人，《漢書．藝文志》說成帝（西紀元前三三年至前七年）時輯天下遺書，命「待醫李柱國校方技」，注說是「醫藥之書」。《史記扁鵲傳》說扁鵲姓秦，名越人，少時為他人守客舍底舍長，遇長桑君。長桑君出懷中藥贈與他，命他以上地水和藥飲下，三十日當見功效。又把所有禁方書都給扁鵲，忽然不見。後三十日，扁鵲果能透視隔牆一邊底人，看病能盡見五藏症結。長桑君也是神仙方技一流人物。扁鵲死後，元裡公乘陽慶，傳他底方技。陽慶又傳給淳於意。從所傳底書名看來，也是根據陰陽五行而立底醫術。方技多屬醫術而最要的是不死藥與長生術。秦始皇時底來毋忌、正怕喬、克尚、羨門子高、徐福、安期生等都以方術為當世所重，但他們底方法都沒人知道。我們只知道他們或是人海求不死藥，或司長生術而已。

漢初神仙出現，最有名的是黃石公。《史記．留侯世家》記張良在下部橋上遇一衣揭底老父，授以《太公兵法》。臨別，老父說：「讀此則為王者師矣。後十年興，十三年，孺子見我濟北，數城山下黃石即我矣。」後十三年，張良從高帝至濟北，果見數城山下黃石，便取回去奉相它。張良死與黃石井葬一家。張良在漢興以後也好神仙。《留侯世家》記：「留侯性多病，即道引不食谷，杜門不出。」他所知底四皓——園公、績裡季。夏黃公、角裡先生——或者也是道弓僻谷底道友。《世家》說留侯學辟穀道引輕身之術，欲從赤松子遊，高帝崩，呂后強命他食，說：「人生一世間，如白駒過隙，何至自苦如此乎？」留候乃強食，後八年卒。《巢縣誌》載去縣治三十里，湖南有山名白雲，上有子房調，相傳於房辟穀，來隱於此。洞前有白雲庵、地藏殿，遠方朝山者甚眾。這關於留候辟穀底處所，恐怕是後人所附會，因為《世家》沒說他到什麼地方，並記他死去。《史記正動說：「漢張良墓在徐州沛縣東六十五裡，與留城相近也。」

秦漢仙人傳授弟子底事很多，如上述長桑君、黃石公之外，還有河上丈人。《被記．樂毅傳．太史公贊》說：「樂臣公學黃帝老子，其本師號田河上文人，不知其所出。河上文人教安期生。安期生教毛畒公。毛禽公教樂假公。樂播公教樂臣公。樂臣公教蓋公。蓋公教於齊高密、膠西，為曹相國師。」這河上丈人或者便是河上公。《神仙傳》說河上公當漢文帝時，於河演結草為庵。帝讀《老子》有所不解，以時人皆稱河上公解《老子》義旨，乃遣使去問他。他以道尊德貴，不可遙問，文帝親自到庵去請教。文帝問他分屬人臣為何自高?公於是躍身人空中，距地數丈，說：「餘立不至天，中不累人，下不居地，何臣民之有?」文帝佩服他，從他受《素書》二卷。他對文帝說：「熟研之，此經所疑皆了，不事多言也。餘注此經以來~幹七百餘年，凡傳三人，連子四矣。勿以示非其人。」說完，忽然不見。這段故事當是後人底創作。樂臣公與黃老底本師河上文人將所學傳授許多人，好像是河上公傳《老子》注底本型。

漢代人主求仙最切的是武帝。《封禪書》說，當時有李少君、謬忌、來大諸人為武帝所信任。李少君以打灶、穀道、卻老方見武帝。他原是深澤候舍人，為侯主方藥。自把生時和產地匿起來，遍遊各處，人以他能使物卻老，爭以金錢贈與他。他對武帝說：「調灶則致物。致物則丹沙可化為黃金。黃金成以為飲食器則益壽。益壽而海中蓬萊仙者乃可見。見之以封禪則不死，黃帝是也。臣嘗遊海上，見安期生。安期生食巨棗，大如瓜。安期生仙者通蓬萊中，合則見人，不合則隱。」武帝聽他底話，於是親自何灶，遣方土人海求蓬萊安期生一流人物。後來少君病死，武帝卻以為化去。自此以後，燕齊底方上便都來了。李少君倡煉丹砂為黃金和調灶，與後來道教底煉丹及民間祭灶有密切關係。而開道教祭壇法底光河底是謬忌。《封禪書》載：「毫人謬忌奏調太一方曰：『天神資者太一。太一佐口五帝。古者天子以春秋祭太一南郊，用太車，七日為壇，開八通之鬼道。』於是天子令太祝立其詞長安東南郊，常奉調如忌方。』話來又有人上書說：「古者天子三年一用太牢潤神三一：天一，他一，太一。」武帝於是又命太視依所說底方法調三一於謬忌所倡底太一罈上。後來又有人上書說：「古者天子嘗以春解祠：祠黃帝用一梟破鏡；冥羊用羊；相馬行用一青牡馬；太一、澤山君、地長用牛；武夷君用乾魚；陰陽使者以一牛。』武帝又依方命打官祭諸神於太一罈旁邊。齊人少翁能以方術致王夫人及灶鬼之貌，武帝拜他為文成將軍。文成又說：「上即欲與神通，宮室被服非像神，神物不至。」於是畫雲氣車，各以勝日駕車以辟惡鬼。又建甘泉宮，中為臺室，畫天地太一請鬼神底像在上面。後來又作拍梁銅柱及承露仙人掌等。武帝因文成將軍作偽，把他殺掉，又悔未盡得他底方技，於是來大便乘機以化金術不死方進見，拜為五利將軍。~月之間，大佩天士將軍、地士將軍、大通將軍及五利將軍四印，封樂通侯。武帝又踢他天道將軍玉印，所謂天道是為天子道天神底意思。又有齊人公孫卿為帝說黃帝得寶鼎事，帝封他為郎，東使侯神於太室；又命相官寬舒等具太一銅壇。太一祠壇仿謬忌法，壇三孩，五帝壇環居其下，各如其方，黃帝西南，除八通鬼道。太一所用底供物與雍一峙相同，而加酸棗脯之類，殺一律牛以為溫豆牢具。五帝壇只用組豆酒釀，繞壇底四方設諸神及北斗祭座，連續酬配。祭畢，燎牲物。祭時，太一祝宰衣紫及繡，五帝各如其色，日用赤色，月用白色，皇帝衣黃色。武帝又依寬舒底話建泰畤壇。元鼎四年（武帝即位第二十八年）為伐南越告禱太一，以牡荊畫幡，作日月北斗登龍之形，以象太一三星，為太一峰，名曰靈旗。為兵事祈禱，太史便奉旗以指所伐之國。這建壇奉旗底方法與後來道教底祭醒一科很有關係。太一神後來成為元始天尊，仍保留著漢代底祭法。所用供物，也是後來祭醋供品之源。疑為唐末所作底《太上金書玉諜寶章儀》所列祭醒品有餅果、鹿脯、魚脯、清酒等物，與漢代差不多。武帝為神仙，屢行封禪，因公孫卿言仙人好樓居，乃於長安作蜚廉桂觀，甘泉宮作益延壽觀、通天臺。又有濟南人公玉帶過明堂圖，說是黃帝時底圖樣。明堂是一殿在中央，四面無壁，以茅為蓋，環宮垣為複道，有樓從西南道入，名曰崑崙。帝依帶所進圖命奉高作明堂於漢上，親調太一、五帝諸神。因柏梁被燒，公孫卿說：「黃帝就青靈臺，十二日燒，黃帝乃治明廷。明廷，甘泉也。」方士們又說古帝王有都甘泉底。越人勇之又說：「越俗有火災，復起屋必以大，用勝服之。」於是建建章宮，比以前的宮觀都大；有太液池，他中有蓬萊、方丈、報洲、壺梁，像海中神山，龜魚之屬；有神明臺，高五十丈，上有九室，置九天道士百人。武帝所作諸宮觀為後來道觀底標本。《漢書．地理志》載不其縣有太一仙人相九所及明堂也是武帝所建。

自武帝後至道教時代，道書所記成仙底人物很多，見於史底如東方朔、孔安國、周義山（紫陽真人）、王褒（清虛真人）、梅福、劉根、矯慎等是最著的。他們底方法都不詳，大抵也是道引辟穀罷。服食丹藥也很流行，故《論衡．道虛篇》力說道家服食藥物能輕身益氣延年度世底虛妄。

第七章　巫靚道與雜術

中國古代神道也是後來道教底重要源頭。古人以天和祖先能夠給人禍福，而天底觀念底發展是從死生底靈而來，放在具有人格方面稱為上帝。王者能明白天底意志便可以治天下。墨子．天志說：「古老聖王明知天鬼之所福而闢天鬼之所增，以求興天下之利而除天下之害。」這神教政治底精髓是以天底威靈寄託於天子，天子歿則為祖先在天之靈，以鑑察人間的行為和降下禍福。在《詩經》裡常見祭先祖、先王、田祖。后土、高煤底詩句。無論是崇德報功或折福攘災，都以天與祖為崇拜對象。天與祖能保護生人，如一家底長老能保護他底子弟一樣。一切崇拜都依據這信仰而行，故人死亦可以受其家人及後代底祭粑。祖先與鬼神底界限很不明瞭，同有保護人和驅除惡靈侵害人間底能力。

甲　屍與巫底關係

祖先底靈與人交通在古代的傳說上很多。中國古時，人死未葬，立一個靈魂所寄託底重，既葬以後，立主；未殮，向屍體禮拜，葬後，於祭時使關係人著死者底衣服以享受祭品，也名為屍。葬後底主等於未葬底重，屍等於未殮底屍體。立屍是中國古禮中特異的事。《詩經．召南．採蘋》底「於以奠之，宗室牖下，誰其屍之？有齊季女」，《北山．信南山》底「以為酒食，果我屍賓，壽考萬年」，《楚茨》底「先祖是皇，神保是饗。……蘇芬孝祀，神嗜飲食，卜爾百福。……鞏儀既備，鐘鼓既戒，孝孫徂位，工祝致告，神具醉止，皇屍載起，鼓鍾送屍，神保聿歸」，所說底「屍賓」、「神保」、「神」、「皇屍」等名稱都是指著代表死靈底人而言。屍最初是代表死靈，《禮記．郊特牲》說：「屍，神像也。」《儀禮．士虞禮》「祝迎屍」注說：「屍，主也，孝子之祭不見親之形象，心無所繫，立屍而主意焉。」《朱子語類》卷九十說：「古人祭祀無不用屍。杜佑說：『古人用屍者，蓋上古樸野之禮，至聖人時尚未改，相承用之，今世不復用。』杜佑說如此。今蠻夷猺洞中，猶有屍遺意焉。嘗見密溪祭祖有中王神者，必以一家之長序輪為之。其人某歲次及，必恭謹畏慎，以副一鄉祈向之意。看來古人用屍自有深意，非樸陋也。」又說：「古人用屍，本與死者一氣，又以生人精神去交感他。那精神來會，便附著微享。」宋時朱子在福建邵武密溪見過中王神，現在海南島澄邁宗調祭掃也有族中老者於祭時站在神主前向族人祝福底風俗，也是屍底遺意。屍本來用於宗廟，後來推到天地山川等等祭掃也用起來。因為天地等祭把有配亭底祖靈，於是立配享者底屍。《左傳》昭公七年晉把夏郊，《晉語》載：「平公把夏郊以董伯為屍。」《虞夏傳》：「舜入唐郊，以丹朱為屍。」《白虎通》載：「周公郊，以太公為屍；祭泰山，以召公為屍。」鄰是非廟祭所立底屍。

從代表祖先底屍，漸次演進為專門事神及傳達神意底巫。最初的巫恐怕有一部分是從屍流行而來。巫在原始時恐怕都是女子，她能以歌舞降神，預言吉凶。春秋戰國時代，人君信任巫覡底事很常見。楚國底巫風最著，在《楚辭．九歌》中如《東是太一》、《少司命》、《東君》等篇所記底靈保與巫底服飾與行動，都可以想像年當二八底處女著美麗的衣服，執素香的草，舞和鳴的鶖刀，歌婉贈的音聲，起婆娑的舞。從《詩．陳風．宛丘》也可以想像當時底舞風。「恆舞」與「酣歌」是巫風，因為歌舞是降神術底一種。《說文》：「巫，祝也。女能事無形，以舞降神者也。像人兩袖舞形。與工同意。」巫也名工，故巫祝又稱工祝。大抵初時以女人為多，男子較少。《禮記．檀弓下》載穆公因天旱欲暴巫，縣子說：「天則不雨，而望之愚婦人！」《史記．西門豹傳》也說巫為老女子。《漢書．地理志》說：『齊襄公令國中民家長女不得嫁，名曰巫兒，為家主祀。」可見巫多是女子。

乙 巫底職能

祭祀底種類繁複，專掌祭掃底官便產生出來。從什麼時候才把尸（或靈保）與巫祝分開不得而知。《漢書．郊祀志》及《國語．楚語》都記巫底起源。《楚語》記古代巫祝宗底職務底演進說：『治者民神不雜，民之精爽不慌貳者，而又能齊肅衷正，其知能上下比義，其聖能光遠宣朗，其明能光照之，其聰能聽徹之，如是則明神降之，在男曰覡，在女曰巫。是使制神之處位次主，而為之牲器時服，而後使先聖之後之有光烈，而能知山川之號，高祖之主，宗廟之事，昭穆之世，齊敬之勤，禮節之宜，威儀之則，容貌之崇，忠信之質，程潔之眼而敬恭明神者，以為之祝。使名姓之後，能知四時之生，犧牲之物，玉帛之數，採服之儀，彝器之量，次主之度，屏攝之位，壇場之所，上下之神，氏姓之出，而心率舊典者為之宗。於是乎有天地神民類物之官，謂之五官，各司其序，不相亂也。民是以能有忠信，神是以能有明德。民神異業，敬而不讀，故神降之嘉生。民以物享，禍災不至，求用不貶。及少峰之衰也。九黎亂德，民神雜讀，不可方物；夫人作享，家為巫史，無有要質；民匾子祀，而不知其福；保享無度，民神同位；民讀齊盟，無有嚴威；神押民則，不詡其為；嘉生不降，無物以享；禍災薦臻，莫盡其氣。乃命南正重司天以屬神，命火正黎司地以屬民，使復舊常，無相浸讀，是謂絕地通天。」這裡把巫、祝、宗三種人分開，說明他們底職業，後來因為民神雜糖，人人享祖，家家自為巫史，不誠不潔，於是困於祭掃而不獲得福報，於是立南正底官來統理神事。在原始時代，巫底身分最高，進而為祝，為宗，再進而為南正，為宗伯。古時沒有典祭掃底官，只有巫官，一切祭祖祝讚徽兆底事都由他管理。《史記．封撣書》載殷太戊時有巫咸，《尚書．正義序》說：「伊院相大戊，毫有様桑谷共生於朝，伊破贊於巫咸，作《成義》四篇。」帕文尚書》大戊之臣巫戚，《今文》作巫戊。《白虎通．姓名》說殷以生日名子，如太甲、武丁是，於臣民而得如此，如殷臣有巫咸、祖己是。「咸」並非干支，當是「戊」底誤寫。巫戊是現在所知最古的巫官底名。

巫底職能很多，都依祈攘禁咒方藥來行事，大體說來，約有六件。

一、降神神附在巫底身體上，如今南中國底跳神師公。跳神師婆、童子，和北亞洲底跳神師一樣，即《楚語》所謂「『明神降之」底意思。信公十年《左傳》記太子申生附於新城之巫，是降神底事例。惆禮格官》司巫底職掌也主降巫之率已。

二、解夢夢是古人用於預兆底一種，是神表示意思於人底一個方法，必要巫底聰明才能了解。成公十年《左傳》晉侯夢大曆，召桑田巫來解釋；襄公十八年《左傳》齊候夢與厲公訟，召模陽之巫來問話，都是以巫解夢底例。夢與魂魄底遊行有關，故《楚辭．招魂必招魂為掌夢之官所主。掌夢也是巫官底一種。

三、預言這是巫光遠宣朗、上下比義底能力。如《左傳》文公十年楚底范巫雷似預言成王子玉、子西底命運；成公十年，晉桑田巫預告晉侯不得食新麥；禁公十八年，巫臯預告中行獻子底命終，都是事例。巫多兼占卜，故能說預言。〈惆禮．春官．大宗伯〉，多人在九誼說：「一日巫更，二日巫咸，三日巫式，四日巫目，五日巫易，六日巫比，七日巫祠，八日巫參，九日巫環，以辨吉凶。」宋劉敞《七經小傳》解這段說：「此乃前世通於占者九人，其遺法存於書，可傳者也。古者占等之工，通謂之生，更、咸、式、目等其名也。巫成見於他書者多矣。易疑為易，易古陽字，所謂巫陽也。其他則未聞，雖未聞，不害其有也。」《苟子．王制》說：「相陰陽，占沒兆，鑽龜陳卦，主攘擇五卜，知其吉凶妖祥，傴巫破擊之事也。」楊驚注：「去讀為現，男巫也。古者以廢疾之人主卜鯰巫祝之事，故日傴巫跤擊。」到陰陽五行說出世，巫史便採五行說來說預言：如《史記．封禪書》稅案獻公（西紀前三七〇年）時周太史信所說底是很明白的例。

四、祈雨古時常以女巫析雨。《周禮》女巫「噪則舞雩」，師「教皇舞，帥而對旱股之事」。古時析雨必舞雩，《論衡．明雩》說魯禮於暮春令樂人涉沂水以像龍從水中出，歌舞年底歐，詠而行債親，所以《論語》說「浴乎沂，風乎舞雩，詠而歸」。歸作僖祭解。祈雨不應，甚至把巫焚燒，或曝於日中。《左傳》僖公二十一年公因大旱欲焚巫尪，臧檔案以為無益。縣於勸穆公底話也是一樣的意思。

五、醫病與巫最有關係的是醫術。《呂氏春秋．審分覽．勿躬》說巫彭作醫，巫咸作筮。《山海經．海外西經》說：「巫咸國在女丑北，右手操青蛇，左手操赤蛇，在登葆山，群巫所從上下也。」又《海內西經》記「開明東有巫彭、巫抵、巫陽、巫履、巫凡、巫相，夾窫窳之屍，皆操不死之藥以距之。窫窳者蛇身人面，貳負臣所殺也。」巫夾死者底屍，暗示與神保底關係。《大荒西經》又記：「大荒之中有山名曰豐沮玉門，日月所入，有靈山、巫咸、巫即、巫朌、巫彭、巫姑、巫真、巫禮、巫抵、巫謝、巫羅十巫從此升降，百藥爰在。」巫咸即巫戊。巫斷即巫凡，及《水經》深水注底巫盼。巫真、巫禮《水經注》作巫貞、巫孔。《海內西經》底巫履與巫禮或是一人。巫相疑即巫謝。以上除巫成外，都是郝效行底見解。他海經》裡凡記群巫升降、上下、從來底山都是出藥底地方。

初民以疾病為鬼附體內，故用巫術祛除它。例如《傳》成公十年，晉侯夢二豎子，自說居肓之上督之下，雖醫緩來也沒能為。又昭西元年《傳》說鄭於產聘於晉，值晉侯病，叔向向子產說卜人以為實沈臺駘作祟。又，昭公七年帳》，韓空子問子產，晉侯所做黃能入寢室底夢是什麼歷鬼。這都是以疾病為厲鬼附身，須借巫祝底力量去祛除它。《左傳》所記諸病多與鬼物有關。這書於漢哀帝時代漸次流行，可以推想秦漢間人對於鬼與病底關係底信仰。古時底巫便是醫，便是祝，故稱巫醫和巫祝。《漢家周書．王會解》說：「為諸侯之有疾病者，昨階之南，視難氏、榮氏次之皆西南；彌宗旁之，為諸侯有疾病者之醫藥所居。」是天子！臨朝，有準氏、榮氏之祝為諸侯治疾病，有彌宗為有疾病底諸侯底醫藥處。醫也稱巫，如《禮．夏官．大司馬》之屬醫馬者為巫馬。巫馬職說：「掌養疾馬而乘治之。相醫而藥攻馬疾。」《管子．經言．權修篇》、《呂氏春秋．季春紀．盡數篇》、《論語．於路》，都有「巫醫」底名辭。巫醫底名稱在後漢時還用，《後漢書．方術傳》（卷一一二上）及《郭鎮傳》（卷七六）裡都見。現在鄉間底祝由科也是古巫醫底一種。巫與醫分業不知從什麼時候起，《左傳》成公二年與昭西元年底醫緩與醫和都是巫兼醫者。《史記扁鵲傳》記扁鵲說病有六不治，其六是「信巫不信醫」。從這話看來六國之初，巫與醫已不盡合一了。

六、星占周秦時代星占術很盛行，當時學者也以明無道為尚，直到漢代風氣仍然不改。《漢書・藝文志》所錄陰陽、天文、歷譜諸家底書都與星占有關。《志》記陰陽家說：「蓋出於羲和之官，敬順是天，曆象日月星辰，敬授民時，此其所長也。及拘者為之，則牽於禁忌，泥於小數，舍人事而任鬼神。」記天文家說：「天文者，序二十八宿，步五星日月，以紀吉凶之象，聖王所以參政也。」記歷譜家說：「歷譜者，序四時之位，正分至之節，會日月五星之辰，以考寒暑殺生之實。故聖王必正曆數以定三統服色之制，又以探知五星日月之會，凶俄之患，吉隆之喜，其術皆出焉。此聖人知命之術也。」此外雜占中有《禳把天文》十八卷，《泰一雜子候歲》二十二卷，《子贛雜子候歲》二十六卷，或者都與星占有關。《史記・天官書》太史公說：「昔之傳天數者：高辛之前重黎；於唐虞，羲和；有夏，昆吾；殷商，巫咸；周室，史性、萇弘；於宋，子韋；鄭則稗灶；在齊，甘公；楚，唐昧；趙，尹皋；魏，五申。」帕漢書》以下底《天文志》都本性記》底記載。帕漢書》加入魯底樣慎。《晉書》加入卜婚。這等人仰占俯視以位時政，凡禍福之源，成敗之勢，都能預知。《晉書・天文志》說：「其巫咸、甘、石之說，後代所宗。」或者《開元占經》便是這三家底遺說。據《晉書》，武帝時，太史令陳卓（《隋書》作三國時吳大史令）總甘、石、巫咸三家所著星圖。《隋書》始立甘氏、石氏、巫域三家星官，著於圖錄。《史記．天官書》所說底有些或者出於石氏，而《漢書．天文志》則採甘、石二氏之說。巫咸或是假託底說法。《漢書．藝文志》雜占中有《甘德長柳占夢》二十卷，可知甘公兼能占夢。往傳》昭公二十八年，記魯底樣慎，鄭底種灶，能推天文，判吉凶，其地位與兩國底大夫相等。此外，子韋為宋景公底史，萇弘為周史，故知巫與史底職分最初也沒有分別。史底資格最初是占星家。《周禮》大宗伯之屬有大史、小史、內史、外史，其掌職之一為治歷。春秋時代天子諸侯之臣掌天文底有日官或日御底名稱。日官、日御便是太史。史官所掌底事，兼知禮儀底等次及吉凶底兆頭。《左傳》閔公二年狄揭衛太史華龍滑、禮孔，二人請釋歸告神；莊公三十二年，有神降於本，惠王問內史什麼原故；僖公十六年，宋隕石，六籍退飛過來都，襄公去請問周內史叔。這都是史還沒完全從巫底職業分化出來，所以祝，卜、寬巫，都可以附上「史」字如祝史、祭史（昭十七年）、藍史（值二十八年）、巫史（付運》）等。

巫底職能分化越多，漸次分為專掌典禮底祝。祝主知神明底位次，犧牲器服底數目，頌禱之辭，祝詛之文。《周禮．大祝》：「掌六祝之辭，以事鬼神，示祈禱福祥，求永貞。」《左傳》桓公六年，記隨季梁諫隨侯底話：「祝史正辭，信也，今民餒而君逞欲，祝史矯舉以祭，臣知其不可也。」因為祝所作底辭文飾君德，不恤民餒，是欺騙鬼神，故不可行。《左傳》昭公二十年，齊侯有疾，齊努臣勸侯洗史嚚、祝固之罪，因為他們事神不誠。春秋，列國會盟，君臣相約，都要質於神明，這事是祝所掌。祝因為主撰祝辭，知祭把底禮節，故又稱祝史。列國史官都與祭把有關。巫與祝底分別在前者為宗教的，後者為典禮的。祝是奉祭掃，作詩詞底官吏，巫只能降神，預言吉凶，為個人的事業。視有專知一代之禮底，如夏祝，商祝是。段以前，巫為大臣，後世文明日進，遂出典禮底祝，巫遂失掉政治地位，只為民間所信仰，放各巫多以所住之地被知，如範邑之巫，桑田之巫，梗陽巫等是。巫死後，每被尊為神，人向他們求福。《左傳》隱公十一年，記隱公為公子時被鄭人因於尹氏，遂路尹氏而禱於其主鎮巫。秦惠文王與楚構兵，詛楚敗北，在《祖楚文》中所禱底神有一位是巫威。這二人都是已死底巫。古中國於巫底信仰極深，名巫死後，仍被崇拜為神，如福建之大後，廣東底金花娘娘等，是最著的。

宗是巫最高的地位。古時巫介在人神之間，通上下之意，後來分為巫與祝，由祝進而為宗。宗是《周禮》六官之一。周時祝宗底地位比巫高。巫只有巫官之長，司巫二人，資格為中士，其外巫師四人，也是中士。司巫以下底男女巫很多，都沒爵位，只聽命於司巫，以行法術。祝就有大視小祝。大視有下大夫二人，上士四人輔助他。小祝有中士八人，下士十六人輔助他。王後世子底大喪，有喪祝，上士二人，中士四人，下士八人。講武治兵與兵祭時底甸視有下士二人。會盟時告神明底詛說有下士二人。看來祝底資格為下大夫及上士，而巫不過中士，宗底領袖是大宗伯了。

丙　秦漢底巫覡

巫雖分為祝與宗，地位卑下，而民間對於他痛信仰仍不少減。秦漢神洞還有置祝宮女巫底。《史記．封禪書》記漢高祖於長安置詞祝官女巫，說：

梁巫把天地、天社、天水、房中、堂上之篇。（天社、天水、房中、堂上，疑為星名。）

晉巫把五帝、東君（日）、雲中（雲）、司命（文昌四星）、巫社、巫族人、先炊之屬。

秦巫把社主、巫保、族累之屬（巫保、族累或是古巫底名字）。

荊巫禮堂下、巫先、司命、施糜之屬。

九天巫把中央鈞天、東方蒼天、東北文天、北方無天、西北幽天、西方皓天、西南來天、南方炎天、東南陽天，即所謂九天。

河巫把河。

南山巫把南山、秦中。

以上梁巫、晉巫、秦巫、荊巫、九天巫皆以歲時把於官中。河巫把河於臨晉。這些巫相，是後來道教崇拜底根源。道教底天地水三官，司命、灶君、九天等，都是沿用漢初底名稱。秦中是秦二世皇帝。《集解》說：「張晏回：子產云，匹夫、匹婦強死者，魂魄能依人為厲。」因為二世皇帝死於非命，怕他底鬼魂為厲，所以祭他。這思想是從古巫術而來，與《山海經．海內西經》所記群巫夾貳負所殺底「美顧之屍」底意思差不多。依《禮記．祭法》，死者被相應有五件事之一才可以。五件事是：法施於民，以死勤事，以勞定國，能御大菑，能捍大患。古緬甸人建城必於城門活埋男女若干人，以為死者底靈可以守護國門，震攝敵人。中國底武神，如秦漢耗量尤，六朝把項羽、劉章，宋以後把關羽，今加相岳飛，從原始的思想看來，多半也是因為他們都是死於非命，不必是因為他們底功勞，不然把班超、馬援，當比關岳強得多。厲鬼底威靈越古越小，所以秦漢把古人，六朝把漢人，宋明清把三國人，今把宋人。

丁　雜術

事鬼神是巫覡底事，其目的在納福祛禍，消災去難，禁厭及醫術因此也為巫底一種事業。禁厭與醫術是消除災難底一種方法。《洪範必壽、富、康寧、攸好德、考終命為五福，以凶短折、疾、憂、貧、惡、弱為六極。五福之首為長壽，六極大半是疾病。這樣表露著要求長生和趨避短折底心情，故中國人底生活目的只是「長命富貴」四字。《洪範》底年代約在戰國末，可以說這民族底代表思想是從那時形成，後來道教徒取為人生底唯一希望，以致達到不可收拾底地步，人只求長命富貴而不問達到底手段與意義。《洪範》這書，與其說是儒家的，不如說是道家和神仙家的著作。道教信仰底最初步便是從長生去病底要求發展而來。長生去病底積極方法便是養生攝生。道教底攝生理想是人身能夠人水不溺，入火不焚，兵刀不能傷，時令不能害。要長生先得身體康健，康健的人，疾病鬼物邪氣，都不附體。身體底大敵最近的是疾病，所以修道的人應當深明醫術。《抱樸子．雜應》（第十五）說：「是以古之初為道者，莫不兼修醫術，以救近禍焉。」這顯示初學道底必須先明醫術。醫治疾病不單靠藥物，有時由於鬼物作祟，故亦須兼明咒術。中國古醫書中底《素問》與《靈樞》（《漢書》底《黃帝內經》），無論是冠以黃帝底名或依託道家，都可以看出醫術與道家底關係。《史記．封撣書》記武帝時底方士李少君曾為深澤候舍人主方藥，明當時方士也能醫。

禁厭符咒不知始於何時，多半是由南方底巫傳來。物排書》說越國巫道多用禁咒攘鬼。《後漢書》（卷百十二下）《徐登傳》說趙炳「能為越方」，章懷太子引她樸子》

注說：「道士趙炳以氣察人，人不能起，禁虎，虎伏地，低頭閉目，便可執縛。以大釘釘柱入尺許，以氣吹之，釘即躍出，射去，如彎箭之發。」又引《異苑》說：「趙侯以盆盛水，吹氣作禁，魚龍立見。」看來越方是一種咒術，能使事物現超自然的現象。《徐登傳》說趙炳以東流水為酌，以桑皮為脯，升茅屋支鼎而我，最要的是以禁架法療疾。咒與祝同源。《說文》解祝為祭主贊司言者，是用語言與神明交通底意思。相傳武王克殷二年而疾作，周公乃告於大王王季、文王之靈，願以身代。當時把視文讀完便藏於金縢之匱，翌日武王忽然病癒。那祝詞便是現在《尚書》底《金縢》。從「唯爾元孫某」至「爾不許我，我乃秉壁與磋』堤祝詞本文。祝詞之首有「史乃冊祝日」，是祝為史所作可知。又《格法》「王命作冊，逸祝冊」，逸即史佚。祝詞本為祝所讀，今二書皆為史所讀是祝史通職底原故。《左傳》哀公二年激睛入衛都，禱於其祖先之靈，結尾有「大命不敢請，佩玉不敢愛」，也是祝詞。《周禮》大祝掌六辭：詞、命、浩、會、禱、諫，後來具有這些能力底就不定是祝，士大夫底九能，也是從祝宗底職能而來。《楚辭．九歌》為屈原改作原來的巫詞。祭視底祝辭，後來便成為民間底咒文。在印度咒術未入中國以前，中國已有咒文。《後漢書．解奴辜傳》說：「河南有軟聖卿，善為丹書符劾，厭殺鬼神，而使命之。初章帝時，有壽光煥者，能劾百鬼眾較。」文字能夠治邪，聖言可以闢鬼底觀念很古，《淮南子》記蒼頡作書而鬼夜哭，便是根據這觀念底傳說。又《後漢書．費長房傳》記長房從汕人受仙法，歸時又作為一符曰：「以此主地上鬼神」，也是一種護符。總而言之，從巫術分出來底禁架法隨著巫道盛行於各處，吳越荊楚最盛行，故可以說咒術起於南方。後來在蜀鳴鶴山所起底無師道，以符水治病，都從南方底巫術發展而來。《抱樸於．至理》（第五）也說：『設越有禁咒之法，其有明效。」也可以證明南方禁咒底盛行。《抱樸子》與《漢書》中「禁咒」二字常見，至於符、厭勝等事，或者在後漢時代才有。

除掉符書以外，水與鏡是禁架法最常用底東西。水能潔淨器物，也能驅除邪氣惡疾。許多地方都有聖泉聖井，有些是治病，有些是賜福底。印度底恆河是最著名聖河。在中國凡東流水、井心泉都有治病功能。這種聖泉隨時隨地都可以創造，如北平玉泉山底泉水是近幾年新被信仰底水。古人底修楔也是以水有治病祛邪底功能。古人對於透明或能反射底物質都以為具有神祕能力，最普遍的是鏡子。《抱樸子．登陸》（第十七）說：「萬物之老者，其精悉能假託人形，以眩惑人心，而常試人，唯不能於鏡中易其真形耳。是以古之火山道士，皆以明鏡九寸以上懸於背後。則老健不敢近人。或有來試人者，則當顧視鏡中，其是他人及山中好神者，顧鏡中故如人形，若是鳥獸邪惡，則其形貌皆見鏡中矣。」用鏡照妖在中國到處都可見到，《抱樸子》說古人這樣做，想在秦漢二代已是如此。秦漢鏡子現存很多，每有給吉利語和闢邪詞底，想見當時以鋭為有神祕能力底信仰。

以挑技或畫虎形治鬼也是古代的巫術。機記．擅引說：「君臨臣喪，以巫祝桃熱執戈，惡之也。」《左傳》襄公二十九年所記是用桃封底事例。《藝文類聚》（八六，果部）引《莊子》佚文「插桃技於戶，連灰其下，童子入不畏，而鬼畏之」。《淮南．詮言訓》「弄宕機檜」注說：「格大杖，以桃木為之，以擊殺並，由是以來，鬼畏桃也。」《荊楚歲時記風俗通義說：「《黃帝書》：上古時有神茶、鬱律，二人效能度鬼。度索山上有桃，樹下簡閱百鬼無道理妄為人禍害者，縛以葦索，執以飼虎。」桃是生命底象徵，所以有殺鬼底能力。現在道士還有用桃劍驅鬼底。南方人家每貼虎形於門相上，是像度索山上食鬼底虎。玄壇、紫微，都騎著虎，所以也能闢鬼。

古代所行底排也是驅鬼逐疫底巫術。李春種秋、李冬都有攤。季春是有國者排，仲秋為天子排，季冬有司大攤，及於庶人。《鄉黨》底攤和《郊特牲》底楊，都是庶人底排。《周禮．春官》占夢，「季冬，遂令始儺，毆疫」，注說令方相氏執兵器以驅疫病。所謂「始」，是說在上行完儺，諸侯萬民始能舉行。巫也參與雅事，男巫職說：「冬，堂贈，無方，無算。」鄭玄以為是於禮畢送不祥及惡夢底禮，杜子春說：「堂贈，謂逐疫也。無方。四方為可也，無算，道裡無數，遠益善也。」《月令》所載季春命國排，九門傑捷，以華春氣；仲秋，天子乃儺，以達秋氣；季冬，命有司大儺，旁磔，出土牛，以送寒氣；方想說夏陽氣盛，陰媛不能作，故無須儺。如《搜神記》所說。瀕頊有三子，死而為瘧鬼：一居江水為瘧鬼，一居若水為擔煙鬼，一居人宮室，善驚人小兒，為小鬼。於是正歲命方相氏體以驅逐它們。方相氏底形狀見於《周禮．夏官》，當攤時，狂夫四人，蒙能皮，黃金色，四目，元衣朱裳，執戈揚盾，表示他底威猛。漢朝仍沿用古雅禮，在《後漢書崎儀志》裡說：

先臘一日，大體，謂之逐疫。其儀選中黃門子弟年十歲以上，十二歲以下百二十人為偎子，皆赤債皂制，執大斐。方相氏黃金四目，蒙能皮，玄衣朱裳，執戈揚盾。十二獸有衣毛角，中黃門行之，冗從僕射將之，以逐惡鬼於禁中。夜漏上水，朝臣會傳中、尚書、御史，諸者虎賁羽林即將，執事皆赤債，陛衛乘輿御前股。黃門令奏日：「娘子備，請逐疫。」於是中黃門倡，侲子和曰：「甲作食殃，胇胃食虎，雄伯食魅，騰簡食不祥，攬諸食咎，伯奇食夢，強梁、祖明共食磔死、寄生，委隨食觀，錯斷食巨，窮奇、騰根共食蠱。凡十二神追惡凶，赫女軀，拉女幹節，解女肉，抽女肺腸；女不急去，後者為糧。」因作方相與十二獸舞，歡呼周遍，前後省三過，持炬火送疫出端門。門外騶騎傳炬出宮，司馬闕門。門外五營騎士傳火棄雒水中。百官官府各以木面獸能為儺人師訖，設桃梗、鬱儡、葦茭，畢，執事陛者皆罷。葦戟、桃杖，以賜公卿、將軍、特侯云。

古代的儺為今日鄉間道士驅鬼底前影，不過人數與裝束不同而已。西藏、蒙古底跳鬼或打鬼，相傳是紀念西藏古時佛徒刺一個毀法底王底慶典，但也與儺底意味差不多，大概也是從古巫術流行下來底。

儺以外還有厭勝底方術。《封禪書》所記周靈王時，萇弘勸方怪之說，依物怪以降諸侯，與漢武帝時，巫益厭勝底方術相似。書中又說秦德公「作伏們，磔狗於邑之四門，以禦蠱菑」。秦漢人主求神仙，一方面就得拔除邪惡，故所立底祠都與厭勝有關。如五帝之祀起於五行說流行以後，秦哀公祠白帝，漢高祖加調黑帝，以後增為五萬，在武帝時，《淮南子》已想像五方帝底人格。今將《天文訓》所述五方之神表列於下。

此中勾芒、后土為最有名的神。勾芒底信仰很古，《墨子．明鬼》已記其顯靈之處。后土底崇拜到現在還不衰。漢時五方五行底觀念很強，放日也有吉凶。占日底人為日者。如武帝時底少翁「以勝日駕車辟惡鬼」，《索隱》說：「木青色，故以甲乙日圓青車駕之。火赤色，故以丙丁目圓赤車駕之。」欺是應用五行說於曆日相剋底方術。後世盛行底吉凶日及厭勝術都從這時產出。由年月日時之吉凶推到人生底本命。《晉書．戴洋傳》有「君候之本命在申」及「使君今年四十七，行年入庚寅，故有大厄」底文句。這本命論恐怕起於三國時代。

秦漢所封有八神：天主、地主、兵主、陰主、陽主、月主、日主、四時主。除天主及兵主外，都是山東底山。天主打天齊。天齊是天底腹臍。兵主詞量尤。地主們泰山，自漢以後，此山便成為司人魂魄底神，現在所謂東嶽大帝或泰山府君底便是。東嶽也是道教主要的神。

最後，道家底方術中，還有所謂房中術底。這術也起於漢代。《漢書．藝文志》房中家有《容成陰道》二十六卷，八家共百八十六卷。這術本近於醫家，因為道家主張攝生，遂以男女之事為可以調節精氣，使人不老。《後漢書．甘始傳》說：「甘始、東郭延年、封君達，三人者皆方士也。率能行容成御婦人術，或飲小便，或自倒懸，愛嗇精氣，不極視大言。」《王真傳》也說王真、郝孟節皆容貌似未至五十，「不絕居室」。《琅揶代醉篇》說東方朔得此術以傳一女子，至元延年中，百二三十歲，貌如童女。又霍去病時，有神君女子以太一之精補氣，出於《漢武內傳》。《內傳》為道教徒所偽託，或是六朝之作品。《抱樸子．釋滯》（卷八）「說房中之事近有百餘事」，可見當時人對於採補底迷信程度。《後漢書．冷壽光傳》注引劉向底《列仙傳》裡說：「容成公者，能善補導之事，取精於玄收，其要穀神不死，守生養氣者也。發白復黑，齒落復生。御婦人之術，謂握固不瀉，還精補腦也。」可知在西漢時代已有用《老子》文句來解房中底。《老子》底玄化、穀神，很易被用為房中底名辭。

巫覡道與方米預備了道教底實行方面，老莊哲學預備了道教底思想根據。到三張、二葛出世，道教便建立成為具體底宗教。

附錄　道家思想與道教

儒道兩家底思想可以說是整箇中國思想底兩方面。儒家注重實際底生活，而道家則重玄想，這是人人都知道底。從中國人日常生活底習慣和宗教底信仰看來，道底成分比儒底多。我們簡直可以說支配中國一般人底理想與生活底乃是道教底思想；儒不過是占倫理底一小部分而已。

道家思想是與漢族文化同時產生底。史稱少昊之衰，九黎亂德，天下相惑以怪，家為巫史，民瀆子祀，帝顓頊乃命重為南正，司天以屬神；命黎為北正，司地以屬民；因此，巫史底職守就有了專青。南正所司底事體是關於天志底，是巫祝或道家思想所從出。北正所司底是關於天人感應底事實，為巫史或儒家思想底根據。我們要明白道教，不得不先知道巫祝。哲學思想底起源可以說都是巫祝們玄想或妄解底結果。因為他們底責任就是要將玄渺無端底天則來解釋或規定這陵亂發展底人事。這原始底哲學在各種文化底初期，都可以找出來。《國語．楚語》載巫底才能說「古者民神不雜。民之精爽不攜貳者，而又能齊肅衷正：其知，能上下比義；其聖，能光遠宣朗；其明，能光照之；其聰，能聽徹之。如是，則明神降之，在男曰巫，在女回現」。巫祝底聰明聖知都超過常人，所以除去降神以外，還有解夢、預言、醫病、卜覽等等能幹。史底職分本與巫差不多，不過他所注重底多在記錄過去底經驗與事蹟而已。

巫與史有一本共同底典籍，但各有各底用法。那本便是《易》。從巫底眼裡看，它只是一本占卜底書；從史底眼裡看，它是一本記載民族經驗底跡象和字書。其實，《易》乃是華族擁有最古底字典，「開物成務」之書。古巫每以文字可以啟示天志，凡有待決底事，皆向字書索取，日久成例，而占卜之辭與賠》經文就難以分辨了。

《易》是中國宗教與思想底源頭，故研究道家與道教不可不先學《周易》底八卦相傳出於《河圖》、《洛書》，這兩種文字大概是居於河洛兩岸底初民所遺留底。英人黎弗卡恩（J・H・ffivettCamac）以為《河圖》、《洛書》是在河洛岸上底穴居人鑿在石上底「杯紋表幟」（cap－co）。他說這種標幟在石器時代最為普遍，歐、亞、非、美各洲都有，歐洲以在義大利及西班牙所發見者為最多。在原始的文化中，刻在石上底「O」形與「@」形，乃是表示初人對於生生能力底信仰，故在瑞士古洞裡找出有這種表識底石名為「嬰石」（BabiesSton）。《河圖》、《治書》也包含兩性的道理，後來因為記載底方法與材料進步了，乃由O@而變為一，可是陰陽、父母、男女等等觀念，仍繼續地留傳下來。

一、原始的道家思想

道教底淵源非常複雜，可以說是混合漢族各種原始的思想所成底宗教。但從玄想這方面看來，道教除了後來參合了些佛教思想與儀式以外，幾乎全是出於道家底理論。道家思想底淵源也與儒家一樣同出於《易》。從傳說方面，我們知道在現存的《周易》以外，還有《連山》與《歸藏》兩種。三《易》不同之點，在乎對於卦底安排次序。學者又以為歸藏是殷朝底易，為道家思想之所從出；周易是周人用底，儒家思想本於它而來。《周易》底《繫辭傳》雖然說是孔於作底，但其中引申《歸藏》底意思比較《周易》似乎多一點。《繫辭傳》當成於先秦時代，與《呂氏春秋》、《道德經》、《禮運》等先後出現於世。如將這幾本書用比較的方法去研究一下，定然很有興味。

由巫進為術數，由術數進為陰陽，後來又進而為五行，由五行而進為黃老道家，推其原始也出於《河圖》、《洛書》，故亦可視為解《易》底一派。《河圖》、《洛書》是陰陽與術數學底雛形，《易》就是從這兩樣脫形出來底。放假》為陰陽象數之學，全書所有解釋都不外乎此。鄭康成以為「《易卜名而含三義：易簡，一也；變易，二也；不易，三也」。這三面的意義為道家思想或道教玄學之所從出。《繫辭傳》上載：「乾知大始；坤作成物。乾以易知；坤以簡能。易則易知；簡則易從。易知則有親；易從則有功。有親則可久；有功則可大。可久則賢人之德；可大則賢人之業。易簡而天下之理得矣。天下之理得，而成位乎其中矣。」無論對於什麼事體，總要把這個簡易底道理明白了，然後可以成德立業，然後德業可以久大。

簡易底道理在《道德經》裡更說得明白。「易」本是要人生趨到無思無為底境地，故為政者當存我無為而民自治底心，不必用什麼法律道德，風俗等等，來約束人民，政府越管得簡易，人民越覺得安適。「治大國若烹小鮮」，小鮮不必，也不能用力去煮它，猶如國君不必用權勢去治國一樣。人民所以能治是順乎自然底性情而來，如果用權勢去壓迫或勉強他們順從一件事情，那就是違反了自然。在自然裡頭自然有一種不可摧滅的勢力，它底自身能夠成壞事物，毋須人去激發它。可惜我們日常的生活已經失了道德之自然狀態，而被仁義禮教所約束及壓迫，因此人民越難治。慾望便是從使用不自然的權勢去治理人民才會產生出來底。人民底慾望越多，越不能知足，不知足，則國越難治，災禍就隨著發生了。要滅絕這種不自然的權勢，自然得從寡慾知足做起。而知足寡慾必要與外界接觸底機會少，所處底社會簡單才能辦得到。所以小社會是最理想的國家。

小因寡民，使有什佰之器而不用。使民重死而不遠徙。雖有丹輿，無所乘之。雖有甲兵，無所陳之。使民復結繩而用之。甘其食，美其服，安其居，樂其俗。鄰國相望，雞狗之聲相聞，民至老死不相往來。以道德經》（八十章）能夠實現返到原始的小社會去過那簡易的生活，自是道家底政治理想。從這點，道家立了柔弱與清靜底教義，因為這兩點是簡易生活底要素。柔靜是坤道，是稟承天道底自然，本來含著剛動底能力，自然調和，人若跟著它進行，也不致於失掉剛柔動靜底調和生活。《莊子》所說「慎守女身，物將自壯」（《在有》），也是表明人如能承順自然，保守天地所賦與底性情，一切事物都要自己調和地發展了。

坤至柔而動也剛；至靜而德方；後得主而有常；含萬物而化光。坤道其順乎？承天而時行。（《易．文言傳》）道家之所謂「道」與儒家之所謂「道」，其不同的地方在前者以為人生應當順從天地之道與萬物同流同化，放立基在陰陽、動靜測柔、強弱等等自然相生、自然相剋底觀念上頭，而忽視人為底仁義；後者偏重於人道底探索與維持，故主張仁義。我們或者可以說道家與儒家皆以順應無道為生活底法則，所不同底在前者以道地為用，後者以人道為用而已。道地是無成無為底，故《易》（《坤》）有「道地無成而代有終」底說法。地底德不在創作，而在承順天道以資生長養萬物，所以常是站在靜底或消極底地位，凡天所賦與底事物，它都不必費力去改作，只能保守便夠了。假如必定要說道地也有「作」，那麼，這個「作」必是「作成」，「作成」不過是就所有現成底事物去培養它們，使它們長成，故仍是屬於保守底。「保守」是道家對於生活底態度，因為保守比創作簡易，也合乎道地底柔弱靜止底品性。《繫辭傳》（下）說：「夫乾，確然示人易矣。夫坤，附然示人簡矣。」又說：「夫乾，天下之健也，德行恆易以知險。夫坤，天下之至順也，德行恆簡以知阻。」知是守最重要底事情。《道德經》（二十八）說：

知其雄，守其雌，為天下幫；為天下期，常德不離，復歸於嬰兒。知其白，守其黑，為天下式；為天下式，常德不忒，復歸於無極。知其榮，守其辱，為天下谷；為天下谷：

常德乃足，復歸於樸。全部《道德經》都是教人怎樣知，和怎樣去守，而這個

「知」就是《繫辭傳》所謂「乾知大始」底「知」，「守」就是《坤卦》底「順」。道家所謂順乎自然，及無為而治，都是本乎道地而來底。道一有造作，便有所私；有所私，則不能長久。《道德經》（七）說：

天長，地久。天地所以能長且久者，以其不自生，故能長生。假使天地有所造作，那就有恩有為，而物失其本真了，故說「天地不仁，以萬物為芻狗。聖人不仁，以百姓為芻狗」。所謂「長生」，就是萬物柔和地順從自然。人從自然而來，本是能與天地同其久長底，為何人生不過百年就要歸於死亡呢？因為人愛護自己的虛形，比愛住在內裡底「真人」更甚，為他創造許多娛樂受用。在創造中，根本地說，就有創造底苦；在進行中，難免奪人所有以自饒益，結果便成此得彼失。既然有得失，便不能免於生死。死亡底存在，只是私心和「創造的衝動」所致；故說天地「不自生，故能長生」。天地本於自然化育萬物，故「萬物持之而生而不辭，功成不名有，愛養萬物而不為主」。自然並非有所創作，因為一說到「作」便是不自然了。天地本著自然底進行長養萬物，表面上似乎有所作為，其實是極無所作，也無所私，無所享受，故說：「生而不有，為而不恃，功成而弗居。」

在人與人相處底時候，如柔弱能讓，便是順乎自然之理。讓底反面是爭，故聖人要使人不爭，必得使他們少有接觸底機會更好。為國也是要本著這自然底道理，使為政者「無為而民自治」。「自治」雲者，是人民自己解決自己的生活問題，無須要什麼政府來替他們立仁義，製法度，作禮樂。

故至德之世，其行填填，其視顛顛。當是時也，山無溪隧，澤無舟梁。萬物群生，連屬其鄉。禽獸成群，草木遂長。是故禽獸可系羈而遊；馬鵲之巢可攀援而窺。天至德之世，同與禽獸居，族與萬物並，惡乎知君子小人哉？

同乎無知，其德不離；同乎無慾，是謂素樸，素樸而民性得矣。及至聖人，蹩躠為仁，踶躍為義，而天下始疑矣；澶漫為樂，摘僻為禮，而天下始分矣。故純樸不殘，孰為犧模？

白玉不毀，孰為佳漳？道德不廢，安取仁義？性情不離，安用禮樂？五色不亂，孰為文采？五聲不亂，孰應六律？

夫殘樸以為器，工匠之罪也；毀道德以為仁義，聖人之過也。以莊子．馬蹄》）

民與民相疑相爭都由於聖人為他們立仁義，作禮樂。人若順著自然，守著天地所賦與固有的性情，一切的需要本已齊備，何必再與外境交通，去要求什麼供給呢？民人相爭相攘至於死亡，都是因為他們底要求過於他們所需要底，後面又有一個強而有力的聖人或國家去替他們出力，替他們維持，使他們遂意，於是貪得底心就發達到不可制止的地步。「法令滋彰，盜賊多有」，故「剖鬥折衡」是根本解決底方法，因為沒有人代人規定權衡，貪得貪利痛心也就消滅了。

生活要求簡易，慾望要盡量排除，就是道家所謂「熊真」底工夫。人一有了慾望，便想去求滿足，從欲而「得」，從得又想多得一些。欲得之心日盛一日，不安寧的生活困之而生。「不見可欲，使心不亂」，就是清心寧志底工夫。世間一切的作為都是根於「我想做」這個念頭來底，故越有作為，越多慾望。所得愈多，慾望愈大，對於所作愈不知足，而精神上底苦痛常敵不住獲得時底愉快。一不愉快，心便亂了。從需要方面說，所造作底愈多，需要之量也隨著增加起來。人本是可以簡易地過日子底，但因我們底祖先對於物質上底要求不已，以致形成今日煩瑣的生活，使人與外境底關係越來越深切，甚至有缺乏了些少便有不能生活底情形，儲子》說，「少則得，多得惑」（二十二）便是這個意思。譬如水是日用必需的，從前幾家共用一口井，所關係底板小，縱使一旦井枯了，還可以想法子，生活猶不致於受多大的累。今日住幾十萬人底大城市，水底供給集中了，從用水方面看固然利便得多，假使水源一旦斷絕，全城人民所受底痛苦比起從前用井底時代就大多了。故人民與公共事業底關係越大，越是危險，越發痛苦。生活越繁瑣，人物彼此底關係大有拔一發而動全身底光景，「有什佰人之器而不用」底話，正是為此而發。如我們今日用一副機器可當千百人底勞力，可是他已使千萬人變成物質及機械底犧牲了。「民多利器，國家滋昏」（五十七），也就是這個意思。是故聖人當使民無慾。無慾並非有欲以後用強力去壓制底意思，乃是根本地排除它，使人各樂其生而安其居。要這樣，才能保持「三寶」（六十七）。無慾故不爭，不爭故無傷害，而能「慈」。無慾故生活簡易，簡易故省物力，俄能「儉」。無慾故靜，靜故謙讓，「不敢為天下先」而能長久。

明白了返到自然及簡易底道理，我們當再進一步去研究道家對於宇宙底見解。道家以為宇宙底進行即是「造化」底現象。世間一切事物都是由於一造一化循環地遷變，並沒有什麼成就。這就是《易》始於《乾》終於《未濟》底意思。造化本無全功，成就與失敗，禍患與福利都是互相循環底。我們所見宇宙底現象沒有一樣不是由造而化，由化而造，故可以說道只是不斷的造化。老子說，「禍兮福所倚，福兮禍所伏」（五十八），莊子更進一步說，「道通為一，其分也成也。其成也，毀也。凡物無成無毀，復通為一」以齊物論》）。成敗生死是存在天道與道地裡頭循環底造化。

聖人之生也天行，其死也物化。靜而與陰同德；動而與陽同波。不為福先，不為禍始。感而後應，迫而後動，不得已而後起。去知與故，循天之理。故無天災，無物累，無人非，無鬼責。其生若浮，其死若休。不思慮，不豫謀。光矣而不耀；信矣而不期。其寢不夢，其覺無憂，其神純粹，其魂不罷。虛無恬淡，乃合天德。（〈以莊子．刻意》）這與《易》所謂『仍無思也，無為也，寂然不動，感而遂通天下之故』，同一意義。所謂感應就是在虛無恬淡中理會造化循環之理，既然知道這個現象，事物底成毀自不能有何影響，來擾亂我底心神。

凡一種事情底成就皆有它底來由，並非由於一朝一夕之故。所謂「成功」或者是從許多失敗積下來底，或者是從許多小成功結成底。積涓滴成海，積沙石成山，積愚成智。但海有時也會枯，山有時也會平；今日之智，未必不是將來之愚；故成海成山成智底「成」只是相對的話，絕對的成就究竟不能得著。道之所以大，在乎虛空不積，雖積而不見，不理會其積。老子說：「三十輻共一轂，當其無有車之用。」車行因於救之虛空，而緩底自身並沒有車底功用。莊子更申明這個意義。

> 天道運而無所積，故萬物成。帝道運而無所積，故天下歸。聖道運而無所積，故海內服。…………夫虛靜恬淡寂寞無為者，天地之平，而道德之至，故帝王聖人休焉。
>
> 體則虛，虛則實，實者倫矣。虛則靜，靜則動，動則得矣。靜則無為，無為也，則任事者素矣。無為則俞俞，俞俞者，憂患不能處，年壽長矣。失虛靜恬淡寂寞無為者，萬物之本也。（《天道》）

原始道家底「長生說」並非戀世主義，只是要隨著造化底玄機運轉，自然能夠年壽永久。人所以會衰老底原故是由於憂患；憂患由於心不虛靜恬淡，一味去求知。這個「知」，與上頭知白守黑底「知」不同，乃我們底心對於事物底解釋，即是平常所謂「知識」與「智慧」。從我們心中或經驗中所生底知與智並非真的，故應當捨棄掉。道在於無，有心則非，吾人求知，均賴心識，故欲去知，先當虛心。人所以求知底原故，必是由於一種成法不適宜，欲知其所以然，進而求其處治之方。在這種情形底下才會產生聖人。聖人之生在於道德淪亡之後，而仁義底建立，權利底分別，都是知所以處置當前的情境底結果。但是，「大道廢有仁義，智慧出有大偽」（十八）；智本以防害，而害反因之而彰，仁本以成德，而德反由之而墜，仁義智慧究竟是靠不住。社會越知道防止盜賊底方法，不見得就能把盜賊撲滅，有時反可以養成他們的機巧。知本是靠不住，又是一件無底止的事，縱使用一生底心力去探求也不能有多少把握，甚至產出許多煩惱來。

吾生也有涯，而知也無涯，以有涯隨無涯，殆已。已而為知者殆而已矣。為善元近名，為惡無近刑，緣督以為經。可以保身，可以全生，可以養親，可以盡年。以〈莊子．養生主〉）自然底道本是大智，不必用人心去思慮知覺就能夠使生活安適，壽命久長。故老子以為「絕聖棄智，民利百倍；絕仁棄義，民復孝慈；絕巧棄利，盜賊無有」（十九）。大道具有無限知識，可是永遠沒曾表示出來，天地所以能夠長久地存在也是在此。人如能效法天地，就可以長生了。

天地有大美而不言；四時有明法而不議；萬物有成理而不說。聖人者，原天地之美，而達萬物之理。是放至人無為，大聖不作，現於天地之謂也。以莊子．知北遊》）知愈多，性命愈疲，故聖人治國務使人返樸還淳。人生底最大困難是在生活底機械化。

用知愈多，則是非、取捨、去就等等愈明，而機械愈繁。所謂「經常」或「法則」，都是社會積了許多經驗知識才能成立底。但社會一有了這些機械的法則，人們便不能自由，必要時常受它底轄制。機械的生活，總一句說，都是知底毛病。所以我們要由自然得著解放。自然是不立何等法則，不有何等知識底。

善行無轍跡，善言無瑕謫，善數不用籌策。善閉無關鍵而不可開。善結無繩約而不可解。（《老子》）H十七）

二、道教思想底形成

原始的道家思想底梗概，既略如上述，現在我們當研究道教與它有什麼關係。「道家」具說當作「道德家」，因為他主張棄絕仁義返到自然的道德生活。老莊底思想只代表道德家底思想，本與後來的道教沒有直接的關係。道教思想遠源於術數和巫覡底宗教，到後來才採用了道德家底玄學。

道教底成分非常複雜，我們從宗教與思想方面可以明白地回溯到它底許多根源。今將道教底源流先列出一個簡表，再依次略說一下。

在先秦時代，最初與道家思想結合，成為道教底宗教教義底便是陰陽家。

陰陽家者流蓋出於羲和之官，敬順昊天，曆象日月星辰，此其所長也。及拘者為之，則牽於禁忌，泥於小數，舍人事而任鬼神。（《前漢．藝文志》）這就是歷來傳說底陰陽家底來歷。陰陽家底首創者據說是鄒衍。他約生於西元前四世紀，稍後於孟子底時代。司馬遷記孟子之前後，齊有三騶，鄒忌在孟子前，其次為騶衍，在孟子後。「騶衍睹有國益淫侈，不能尚德，若大雅整之於身，施及黎庶矣，乃深觀陰陽消息，而作怪迂之變，終始大聖之篇十餘萬言。其語同大不經，必先驗小物，推而大之，至於無垠。先序今，以上至黃帝，學者所共術。大（次）並世盛衰，因載其機樣度制，推而遠之，至於天地未生，窈冥不可考而原也。……稱引天地剖判以來，五德轉移，治各有宜，而符應若茲。……」（《史記》卷七十四《孟子荀卿列傳》）

陰陽底說法是騶衍時代底流行思想。《易》十翼與《莊子》書中說陰陽底地方很多，騶衍所用來立一個學派，所增底是他底推尊黃帝，篤信機祥和五德轉移等等主張。陰陽家很尊黃帝，後來與道家對於事物消長順逆之理參合，而成為秦漢間最流行的「黃老道」底要素。「牽於禁忌，泥於小數」，信於機樣，是黃老道底特點。陰陽思想是道家成為道教之樞紐。司馬談論六家之要指說：「嘗竊現陰陽之術大樣而眾忌諱，使人拘而多所畏。然其序四時之大順，不可失也，……道家使人精神專，動合無形，贍足萬物。其為術出．國陰陽之大順，採儒墨之善，撮名法之要，與時遷移，應物變化，立俗施事，無所不宜。指約而易操，事少而功多。……至於大道之要，去健羨，細聰明，釋此而任術。夫神大用則竭，形太勞則蔽，形神騷動，欲與天地長久，非所聞也。夫陰陽、四時、八位、十二度、二十四節，各有教令，順之則昌，逆之者不死則亡，未必然也，故曰『使人拘而多畏』。夫春生、復長、秋收、冬藏，此無道之大經也，弗順則無以為天下綱紀，故曰「四時之大順，不可失也』。……

道家『無為』，又回『無不為』，其實易行，其辭難知淇術以虛無為本，以因循為用。無成勢，無常形，故能究萬物之情。不為物先，不為物後，故能為萬物主。有法無法，因時為業；有度無度，因物與合；放日『聖人不得，時變是守』。」從司馬議底評論中，我們可以看出道家與陰陽家同主「大順」之道而以「因循」為用底。陰陽底教義在道教裡頭極其重要，幾乎沒有一樣宗教行為不與它有關係。

占道教思想與中國的人生觀底大部分，次於陰陽，就是五行說。五行或者也是陰陽家採用舊說或從當時一般的「五德轉移，治各有宜」底見解加以符應底說法而來。「五德轉移」即五行相生相剋底說法。在《莊子才物》、《說劍》，《鶡冠子．夜行》，但於．經下》、《貴義》等章都有陰陽五行之說，而《貴義》所記很足以代表騶衍以前民間對於五行與實際生活底關係底見解。

子墨子北至齊，遇日者。日者曰：「帝以今日殺黑龍於北方，而先生之色黑，不可以北。」子墨子不聽，遂北至淄水，不遂而反焉。日者曰：「我謂先生不可以北。」子墨子回：「南之人不得北，北之人不得南，其色有黑者，有白者，何故皆不遂也？且帝以甲乙殺青龍於東方，以丙丁殺赤龍於南方，以庚辛殺白龍於西方，以王癸殺黑龍於北方，以戊已殺黃龍於中方，若用子之言，是則禁天下之行者也。是臥心而虛天下也。子之言不可用也。」從這一段看來，五行說已為當時底日者所應用，《荀子啡十二子篇》

說子思「案往舊造說，謂之五行」，可以見得這種見解底淵源很長。陰陽五行，有些學者以為中國古代從波斯底星學傳來底，用五色來分星次和方向也是西方諸古國所有，故這種說法我們雖不能準說是外來的，然而為天文家所主張是無可懷疑底。因為東方蒼龍，南方朱鳥，西方白虎，北方玄武，各星宿底顏色不同，以致各方對於顏色底好尚也不同了，所謂縣尚黑，殷尚白，周尚赤，都是從分野而來底。

天文家所主張隔五行，講幅》底人將他與《河圖》、《洛書》底「數論」參合起來，便成為後來中國人一般的見解。「數」底理論，依《老子》說，「道生一，一生二，二生三，三生萬物」，由「三」推到無盡，變化隨其數之增減互動而起。《繫辭傳》上所謂「通其變，遂成天地之文，極其數，遂定天下之象」，即是此義。從「三」回溯到「一」為一切現象界底原狀，《老幹》所謂「聖人抱一」（二十二）即是此「一」，敢說，「天得一以清；地得一以寧；神得一以靈；谷得一以盈；萬物得一以為天下貞」。（三十九）「道」堤無形的宇宙本體，數是宇宙底現象，但不是物質。物質是從「數」再行綜合而起底。物質底起源，照後來的五行家及鍵緯家底說法是由於天地底數互相配合而成。《易緯．乾鑿度》有天一秒六生水，天七地二生火，天三地八生水，天九地四生金，天五地十生土之說，這五種就是萬物底最根本的原質，就是叫做五行。五行因相生相剋之故便產出宇宙一切的事物。《大禹謨》雖載「水、火、金、木、土、谷」六府，《甘誓》和《洪範》雖有五行底名字，究竟是後人附會底，故不盡與陰陽的「數論」相符合。五行相生相剋底說法，《春秋緯．文耀鉤》和《春秋繁露》都記載著。董子解五行底意義說：「行者，行也，其行不同，故謂之五行。五行者，五官也；比相生，而間相勝也（五行相生）。」他解「比相生」如「木生火，火生土，土生金，金生水，水生木」。照他所說，五行底次序是木、火、土、金、水。「間胡勝」即五行相勝底情形，就是「水勝火，火勝金，金勝木，木勝土，上勝水」。《白虎通．五行》所載底也差不多。五行相生相剋之理，不但是騶衍一派底人喜歡說，就是先秦諸子也都很喜歡說。《莊子才物》也載：「木與木相摩則然。金與火相守則流。陰陽錯行，則天地大統於是乎有雷有霆。水中有火，乃焚大槐。」這也是不完備的五行相生相剋底見解。《管子．五行篇》說：「作立五行，以正天時；五官，以正人位。人與天調，然後天地之美生。」這也是五行說成立底本誼。

在一般中國人底哲學裡，陰陽五行永遠占著很大的勢力，凡人生日用等等事物都呈現根消相長相生相剋底現象。一言以蔽之，凡歷史上的程式，無非是從陰陽五行所生底「運氣」底流轉。時令、歷史或「天運」，在中國人底感覺中是很容易領受痛。「運氣」底吉凶可以應用到一切天時、地理、人事上頭。但運氣是什麼呢？「運」是從陽底性產出底，就是金、木。水、火、土五行；「氣」是從陰底質構成底，所謂初、二、三、四、五、終六氣。五運六氣底說法，依《內經索問》（卷十九）《五執行大論》及《六微旨大論》說，甲己為土運，乙庚為金運，丙辛為水運，丁壬為木運，戊癸為火運；六氣應五行之變，天氣始於甲，地氣始於子，號甲相合，命回「歲立」，謹候其時，則初、二、三、四、五、終六氣可以知道。看來，「運氣』域者是歷話家底舊說也不一定。

我們底曆法是用干支底互配而成。干支底由來，依舊說，也是以河圖》、《洛書》來戶前者生十干，後者生十二支。時令底運轉是根於干支底相配。一月支含有陰陽動靜、五行生剋底性質在內。「性」屬陽，是五行底本體；「質」屬陰，是陰陽五行綜錯所生底六氣。六氣在時令上自「初氣」至「終氣」循環周流，終而復始。陽性隔五行隨著陰質底六氣執行，因其高下相合，升降相因之度而有變化，而有吉凶。故五運六氣底流轉，就是宇宙裡萬有底現象。運氣底流轉是有法則的，自一時」一日、一月、一年、一紀運（六十年），乃至一元（十二萬九千六百年），都有一定的運氣。時間卜運氣底吉凶，並不是人力所能改移，因為那是宇宙進行中除舊布新必要的歷程，

六氣到後來，由初氣、二氣等，變為胎、生、壯、老、死、化六個宇宙進行底時期。宇宙在一「元」俄時間中都具有這六種運氣。現在的「元」底運氣，照王橋仁才圖會》底演算法，今年是第六萬八千九百四十四年。元是天他終始消息底運氣，其計法以三十年為一世，十二世為一運（三百六十年），三十運為一會（一萬零八百年），十二會為一元。這與《春秋緯．無命苞漸記自開闢至春秋獲激凡二百二十六萬七千歲，共分為十紀底說法不同。要了解我們現在的元痛歷史程式，可以看下列底圖表。（見下頁）

圖表中，須形表示時間進行底方向。菱形上表本元六氣，下表十二會。開即於會，閉為丑會，建為寅會，除為卯會，滿為辰會，平為巳會，定為午會，執為未會，破為申會，危為酉會，成為戌會，收為亥會。菱形者，表示宇宙萬物從過去元人於虛無，從虛無進化直到壯為廣延極盛時期，過此則漸次收縮復至於虛無。為是漲縮，周流無盡。

今表中，表示天地底運氣自虛無人於子會，至「甲」而天成；入丑會，至「乙」

而地立；至黃會第六千年「丙」，而人始生，那時人得天地之氣未足，形狀性情只與禽獸略異。到了巴會第六千年「丁」，而黃帝出。現在是午會，「戊」是今年，民國十六年，天地底運氣已漸漸入到衰老底時期了。過此以後，人未會第三千年至「己」，就到了地老天荒之運。到了酉會第六千年「庚」，而人與神仙俱滅。到了戌會第三千年「辛」，日月星辰不行，第五千年天大昏，六千年天闇，一萬年「壬」而無壞盡。亥會第六千年「癸」而地壞。過此，則天地人俱滅壞，復歸於無，循環到未來的子會，再紀新元。這樣的見解很合於天文家對於日星生滅底推測，雖然所計底年數不對，但在非科學的時代，我們底古人能夠這樣想，就算了不得。

一元底始終就是三才底「大生死」。生死就是造化，敢說「造化以日新為德，正須迭用生死」以快書．秋濤》）。拉丁諺「死是生之門」(Morsjanua Vitae)，正是道教底生死觀。在每年、每月、每日、每時底運氣中也各有各店生死，陰陽家和建除家因此立「月建十二神」配十二辰於十二日，周而復始，觀其所值以定吉凶。他們以為在這十二日底執行中，各口都和宇宙萬有日月星辰等有關，故每日都有值日底星辰。十二神即建。除、滿、平、定、執、破、危、成、收、開、閉。「建除」之說，依《淮南於．

大文訓》說，『官為建，卯為除，辰為滿，已為平，主生產為定，未為執，主陷；申為破，主衡；酉為危，主相；戌為成，主少德；亥為收，主大德；於為開，主太歲；丑為閉，主大陰」。又《六韜》有「主開牙門背建向破」之說，《越絕書》（七，外傳記範伯）有「黃帝之元執辰破已」之文，其起源雖託於黃帝，其實是秦漢間陰陽家底成說。《王莽傳》載「以戊辰直定，御王冠，即真天子位」，師古注「於建除之次，其日當『定』也」。可見建除底應用，在漢時已經是很普遍了。十二神有吉凶，吉是除、危。定、執、成、開；四是建、破、平、收、滿、閉。故決說：「建、滿、平、收，黑（黑道）；除、危、定、執，黃（黃道）；成、開，大吉立；破、閉，木相當。」

建除之意：建為一月之始，故從建立起義。建次為除，為除舊布新之意。「一生二，二生三」，三為數之極，故名滿。過滿則溢，故必使之平。平則定。定則可執，故繼之以執。執所以守其成，故繼之以成。物無成不毀，放繼之以破。既破而後知危，故繼之以危。心能知危，事乃有成，放繼之以成。既成必收效，故繼之以收。自建至收而數全，但數無終極，當以理開，故以第十一底「開』為首。開即開始，一始，自此數到三，復為建。故建實生於開。開即是生氣。氣始萌芽，不閉則發洩淨盡，而物不能生，故受之以閉。唯其能閉，故能建立，於是第十三複為建日。自建到閉底歷程便是一切萬物進行底公式，故每日做事底宜忌都要照著值日底建除而行。這於《易》理，應用得何等精密！最流行的《玉匣記通書》、《故吉便覽》等，都把這星占底式例列得很詳細。他如屬於太乙、六壬、遁甲、禽演③等書，都是一般星相家底寶典。訪間所刻通書為各家所必備，雖然不識字，也得買一體擱著，干支對於我們日常的生活是何等的大！

干支影響於歷史人事既如上述，它與人身底關係最顯著的是「十二辰部」痛說法。這是秦漢間方士所倡。其立說宗旨，大概是因各支底性質選立一禽以為標識。這個陰陽家叫做「求象」。求象底事實最初因於時令，說如《購冠子．無權》「四時求象，春用蒼龍，夏用赤烏，秋用白虎，冬用支武」。《月令》季冬出土牛」也是以牛為「丑」底表議。《說文川「巳」為蛇底形象。求象底事實在漢時已大行，故王充於《論衡．物勢篇》辯論五行相用相害之氣底荒謬兼反駁十二辰肖和星辰與人生感應之理。但那時這種信仰已很普遍，甚至有人說人底身體各官也和星辰有關，《內經素問》專闡明這個道理〈漢書．翼奉傳》說奉治歷律陰陽之學，曾上封事與元帝，論歷律與性情底關係，有「觀性以歷，觀情以律」底話。性有五而情有六。五性即五行干支在身體裡底性，其說為：「肝性靜，靜行仁，甲己主之。心性躁，躁行禮，丙辛主之。脾性力，力行信，戊努主之。肺性堅，堅行義，乙庚主之。腎性智，智行敬，丁壬主之。」六請即廉貞、寬大、公正、奸邪、陰賊、貪狼是。

五行干支底運氣不但影響於人身，即如地底形狀也與它有關。講求這種知識便是「風水」，或堪輿學、形學。「堪輿」二字，人多解為「天地」，孟康說是造圖宅書底神名。《漢書．藝文志》載有《堪輿金鷹》十四卷，列入五行家底典籍裡頭，足見風水之學也是從五行家倡出來底。所謂「湛輿」，是說人生於土，歸於土，故卜居、卜葬，當合乎五行底運氣。堪輿家以為地是方的。這方是龕於天中一個六面體的方形，故四維能上應列宿之位。列宿底布列，古今有異：現在以星、張、翼、軫、角、亢。氐為東方七宿；房、心、尾、箕、鬥、牛、女為北方七宿；虛、危。室、壁、奎、婁、胃為西方七宿；昴、畢、紫、參、井、鬼、柳為南方七宿。因為天運底差移，所以吉凶底遭際也就古今不同了。這樣的差移也影響到「龍脈」上頭，故地理底災祥，今與古亦不同。甚至一年一日底運氣也可以影響到地理上頭。一歲之運為春生、夏榮、秋枯、冬死；一日之運為晨溫、晝暖、暮涼、夜冷；故堪輿之興替當因樞閂旋轉而異，地理不能離開天象。

堪輿與形法也有關係。《漢書．藝文志》載：「形法者，大舉九州之勢以立城郭室舍，形人及六畜骨法之度，數器物之形容，以求其聲氣貴賤吉凶，猶律有長短，而各徵其聲，非有鬼神，數自然也。然形與氣相首尾，亦有有其形而無其氣，有其氣而無其形，此精微之獨異也。」所述相宮毛地形就是現在堪輿家所打底事。他們以山底形狀附會五行，如以直形為木（A），尖形為火（八），橫形為土（一），圓形為金（n），曲形為水（n）是。他們說人所居處底宮室也與五行有關，以為各毛都有其陰陽八卦，干支底方位。乾將三男（震、坎、艮）屬於陽位，坤將三女（巽、離、兌）屬於陰位。以東面為辰南，西面為成北之位，從此斜分為陰陽之界；因宅底坐位而有陽宅陰宅之別。凡有所建築，當以該宅底陰陽與本年星宮底運轉對勘，如有衝犯就避免或用法祈攘。掃地時當視察金、木、水、火、土五星和貪狼、巨門、祿存、文曲、廉貞、武曲、破軍、左輔、右提九耀與卦氣相值時吉凶底現象為趨吉避凶之計。王充於《論衡．四諱篇》辯「西益宅不祥」之誤，於《法術篇》駁圖宅術之非，足見相宅之法，在漢時已很盛行了。至於卜葬乃始於古時相土之法，本不求與天運相半，但自漢魏人盛倡風水，這種信仰於是大行。有名青烏先生者，作《葬經》，相傳他是漢朝人，精於地理陰陽之術。在他之前，還有秦朝底櫓裡子、朱仙桃。樟男子有傳，載入《史記》；朱生平不詳，地理正宗》載他作《搜山記》。晉郭噗也著一部《葬經》，闡風水之理，說：「所謂葬者，乘『生氣』也。天陰陽之氣，隱而為風，升而為雲，降而為雨，行乎地中而為『生氣』。生氣行乎地中，發而生乎萬物。人受體於父母，本骸得氣，遺體受前。蓋生者，氣一聚，凝結而成骨，死而獨留。故葬者反氣內骨，以前所生之道也。……《經陽：『氣乘風則散，界水則止，古人聚之使不散，行之使有止，故謂之風水。』陰陽之生氣運於地中而生萬物，子孫底身體與祖宗底遺骸是一氣所貫，所以禍福也能互相影響。這就是風水信仰底根本。

在術數之外，匯流人於道教思想底有方技家底神仙說。《漢書．藝文志》對於神仙家底評論說：「神仙者，所以保性命之真，而遊求於其外者也。聊以蕩意平心，同生死者之域，而無怵惕於胸中。然而或者專以為務，則誕欺怪遷之文，彌以益多，非聖王之所以教也。」方士底長生理想與原始的道教不同，因為前者偏重在尋求肉體不死底方法。傳說自周穆王時，海上神山底存在，已為一般人所樂道，王於是遍行天下，為要找著那「不死底國」，卒在西方得遇西王母。穆王後四百年間，是靈王御宇底時代，求神仙底人日見其多。當時所謂東方三神山即是現在的日本，故出海向東去求仙底人很多。秦始是二十八年乃從事於大規模的尋求，遣徐福領了幾千童男女出海。日本慄田寬作《氏族考》稱述著別姓氏中底山田、御井、志我、長野、廣野、三宅六氏為靈王後裔，章炳誠說是太於晉之胄，因「王子求仙」底史實，雖《列仙傳》未明載其有無出海，但確有可靠之處。

神仙思想底起源本出於燕齊方士。這兩國為當時近海底開明國，海邊底景象，如蜃樓雲氣等，給他們一神仙山底暗示。自方士底神仙思想盛行後，一攤學「道」底人因為它底「不死說」與老氏底「長生論」名字上適合，順著時勢底趨向，遂將它與道家合而為一。故此後所謂「黃老」，無不與神仙有關係。神仙家深信肉體不死之說，主張用藥力來補充後天的缺陷。這與原始的道家底「真人」思想就不同了。《莊子・大宗師》說：「古之真人不逆寡，不雄成，不許士。若然者，過而弗海，當而不自得也。若然者，登高不謀，入水不德，人火不熱。是知之能登假於道也著此。古之真人，其寢不夢，其覺無憂，其食不甘，其息深深。真人之息以踵，眾人之息以喉。屈服者其嗌言若哇。其音欲深者，其天機淺。古之真人不知說生，不知惡死，其出不訢，其入不距，翛然而往，格然而來而已矣。不忘其所始，不求其所終。受而喜之，忘而復之，是之謂不以心捐道，不以人助天，是之謂真人。若然者，其心志，其容寂，其顙頯，悽然似秋，暖然似春，喜怒通四時，與物有宜，而莫知其極。」原始的道家以為在這「虛形」裡頭有個與大化同流底真我，能超然於物質之外，忘形於時間之中，加莊子《逍遙遊》所說底姑射神人一樣。放初期的道士只說＜解」，「蛻化」，並沒想到「白晝飛昇」這一層。道家底「真人』思想，不但不是肉身永生說，並且主張身體底生死是必需的。《莊子吹宗師》說：「大塊載我以形，勞我以生，快我以老，息我以死。故善吾生者，乃所以善吾死也。」明生死是理所常具，何能逃避得了？所以要注意寄寓在這虛形碼底「真人」要使他（真我）回到自然底道裡頭。道是「有情有性，無為無形」底，所以它能超脫一切空間時間底牽制，而自由去來。

道家底長生思想，不是貪生逃死，乃是為知生而生，知死而死。宗教能夠成立都是在乎對付生死。對付人生，有倫理學就夠了。要有「人死觀」加在人生觀上頭，才能說得上宗教。世人無一不死，卻沒有一個善於死底。這都是因為他們不善於養生底原故。道家底修養就是要預備死，故要「究理儘性而至於命」來理會生生死死底真際。求長生不過是我生底時間短，不能盡量享受罷了。但百年底壽命不為長，千萬年底壽命一亦何嘗長得了多少？時間不過是真我因住在虛形中而生底主觀感覺，在道裡頭，本無此事。造成時間底主因，是在我們底虛形中可以感得血脈底跳動，事情底繁簡，光陰底更迭等等。凡我感得繁雜迅速底事物，便覺得時間短，而簡慢的便覺得長。監裡底囚犯，下床盼暗，上床盼明，在獄中度日如年，沒有什麼事情可做，故他們底時間比別人底長。市場裡底商人，收幌子底時候，總覺得剛掛上不多時，因為他底生活忙，所以覺得光明如箭。「黃粱夢」底經過只在瞬息間，而其經歷已是幾十年底工夫了。因為夢中情事純是主觀的，沒有外界情境與它比較，故能於一瞬間周曆幾十年。這樣看來，真時間便是無時間，因為時間是從虛形中造出來愚弄人底。「山中七日，世上千年」還不是真時間，要能「體道合變，忘心於寒暑」才可以。故莊子說「天時，非賢也」，明要把時間忘掉乃可以為真人，為賢者。一個人能夠事無所事，心就虛靜，而無憂慮；無憂慮，故沒有年壽不永底恐慌，那麼，日月就可以延長了。不能長生底原因就是犯了「時病」。進一步說，肉身底生死，本不礙於長生；就使肉身不死，也不過是「與天地同你」，天地還有休滅的時候，何況肉體？「飄風不終朝，驟雨不終日，孰為此者？天地！天地尚不能久，況於人乎廣（《老子》）故《太玄經》說：「志於目，則光溢無極；混於耳，則心識常淵。兩機俱忘，是謂太玄。」又說：「養其真火，身乃長存；固其真水，體乃長在。真真相濟，放日『長生』。天得其真放長；地得其真故久；人得其真故壽。世人所以不得長久者，養其外，壞其內也。

自神仙辟穀服丹之說加人道教，於是所謂「真人」一變而為肉體飛昇說。這樣的思想無疑是受了佛教輪迴論底影響，並且變本加厲。《鍾呂傳道集》裡，鍾離權對呂岩說：「人生欲免輪迴，不入於異類軀殼，當使其身無病者死苦。頂天立地，負陰抱陽而為人，勿使為鬼。人中修取仙，仙中升取天。」《帳道集》以陰陽定人鬼仙三途，說鬼是純陰無陽，人是陰陽相雜，仙是純陽無阻。故人可以為仙，也可以為鬼。他有五等，所謂鬼仙、人仙、地仙、神仙、天仙是。③修到鬼仙還不為功，到八仙乃為小成，地仙為中成，神仙為大成。鬼仙不免輪迴，人仙與地仙只可免死，要到神仙方能身外有身，脫質超凡。天仙是得「道」後，傳道人間，仙行圓滿返到洞天底神仙。這個明明是採取佛教對於菩薩底見解。

人所以不能長生底原故，因為他犯了三種毛病，就是時病，年病，身病。對病是勞逸過度，冒寒涉暑，其結果為「患」。年病是恣清縱意，散失元陽，其結果是「老」。身病是精神消散，其結果是「死」。人要解脫患、老、死，就當修養。最先當要絕了時病底根源；要免身病，先要使年病不生。所以修養的工夫要貫注在年病上，使身體不老，然後不死可求。這個就產生了「煉丹」底方法。

六國和秦時的方士早已講求「不死之藥」底製法。《鹽鐵論．散不足》載秦始皇好神仙，信機樣，於是「燕齊之士釋鋤本，爭言神仙。方士於是趣咸陽者以千數；言仙人食金餘珠，然後壽與天地相保」。「金餘珠」即是從金中所得底「丹」。初時底丹不過是從石類中底殊砂取汞（後來名為砂子、陽龍），從金類中底黑鉛取銀（所謂銀母、陰虎），使銀汞相合，取其精為「金餘珠」。後來更附會以陰陽五行之說，以龍虎居坎離之位，離上坎下為水火未濟，坎上離下為水火既濟，水火交和則丹成。方士以為人身底構造本應天機，一身之中乃是一個小天地，故當依著陰陽升降之理煉就純陽，使之脫質昇仙。他們有外丹、內丹，或煉形、煉氣兩樣丹法。

外丹所以煉形。照道士們底講究，採藥後，精選入爐，用八日取得底真火，從月取得底真水鍛鍊。丹爐三層，外方內圓，一切都依卦氣而造，共高二十七寸。藥放在爐裡煉過三年為小成，服之可絕百病；六年為中成，服之可以延年；九年為大成，服之可升舉。煉到第九年底丹名「白雪」，又名「玉液」；第十二年名為「神將」。（《銅符鐵券快》：「一粒一眼三期後，周身九竅目光明。白雪入口身生羽，神符吞下足生雲。」言服了第十二年底丹便能得駕起雲頭上九天底本領。又有所謂「紫金丹」，乃得自扶桑，服之能使聾者聰，管者明，枯骨生肉，頑石成金，河化乳，華不落，等等功能。自古以來，煉丹服丹底那麼多，現在應當有無數神仙駕著雲頭游來游去才對，但實際上，我們只見雲而不見仙！這是什麼原故？道士又給我們一個解釋，從鍛鍊上說，丹本沒煉成，修者倉卒服了。丹所以不成底原故，第一是藥材不好，第二是火候不足或不對，第三是時機不合。從修煉底人身上說，他還短了煉氣底工夫，因為單煉形是不夠底。《靈飛經久《銅符鐵券》、《靈寶畢法》、《火蓮經》諸書不過是教人煉形，並沒注重到煉氣那層。修者過於注重煉形，雖專用許多『傍門小法」如齋戒、體糧、採氣、漱咽、離妻、斷味、禪定、不語、存想、採陰、服氣。持淨、息心、絕累、開項、縮龜、絕跡、看讀、燒煉、定息、導引、吐納、採補、布施、供養、救濟、入山、識性、不動、授持等，終不能飛昇；必須形氣並煉，用內視法，先使身心達於清靜虛無之境，然後鍛鍊內丹，使外內調和才可以。內觀者，先於「無中立象，以定神識」，繼則「一念不起」，以保其「清」，使「靈臺無物」，以保其「淨」。能夠這樣，才可以講內丹底修煉。《性命圭旨》專講煉形煉氣之法，但已融通三教，不盡是道教玄理。

人身是個小天地，所以萬物皆備於其中，無需再向外求。身體裡有三個區域，所謂三丹田，是神、氣、精寄寓底地方。上丹田為神舍，中丹田為氣府，下丹田為精區。三丹田中自有妙藥，能夠自煉自還。所以內丹底講究在「還丹」，即將丹田煉成底藥（龍虎）還到丹田。這丹藥是要降伏心腎底龍虎，即制色慾忿怒使心火下降，腎水上潤。制色止怒即是降伏龍虎。身中底水火，乃從腎生真水，心生真火。水為乾父，生奼女；火為坤母，生嬰兒；二者交情而生黃芽，即具龍真虎是。由此存想內觀，以應陽升陰降之象，乃至絕念無想。目凝神息慮，歷過小還丹、大還丹、七返、九轉、金液、玉液，清還丹後乃得真念與真空，然後可以入到超脫底境界。還丹是還告身中底日月去和天地造化同途底意思。內丹之法，歸根是要「煉精合氣，煉氣會神，煉神合虛」。一到虛無，生死自了，而仙境可得。這比配金精石液為夫婦，得「河車」而飛行天外底丹法就強多了。看來，內丹也和禪定或定息底方法沒甚分別，大概是採用佛法底結果。

煉內丹不成是因為道上身心中有九難十魔底阻礙。九難者：一是衣食迫逼，二是尊長攔阻，三是恩愛牽掛，四是名俐落絆，五是災禍橫生，六是師長約束，七是議論差別，人是志意懈怠，九是歲月磋跎。十魔是：賊、富、貴、情、恩愛、患難、聖賢。刀兵、文樂、女色。能避掉這九難十魔，方能修仙煉丹。

講還丹底書最好讀《參同契》，現在將其註釋中引一句來做結語。「人之一身，法天象地，與天地同一陰陽也。人知此身與天地同一陰陽，則可與論還丹之道矣。」（元俞談《周易參同契發揮》）

在神仙家之外，還有兩派屬於方技底醫家與房中也與道教有關係。從中國醫書中所立陰陽底理論可以看出其中底道家思想。醫藥一科在道主底功課上也是很重要的。房中之術，《漢書．藝文志》雖列八家，但其書已不傳，小說中載道士擅於此術底不少。

上頭所說只在道教對於修養之方法及宇宙人生底見解，現在當略述其對於神靈底信仰。這是使黃老道成為今日的道教底關鍵。原始的道德家並沒有明白地說這世界有沒有主宰它底神。天地在他們痛心目中只是一副大機械，也可名之為「玄機」，作善作惡底果報乃是自然的機械性使它如此，並非由於大神底賞罰。漢初底道家還有些依照舊說底，如灌南子說：「禍之來也，人自生之；福之來也，人自成之。禍與福同門；利與害為鄰。」又說：「有陰德者必有陽報；有陰行者必有昭名。」（《人間訓》）這還是《易．坤》所謂「積善之家必有餘慶，積不善之家必有餘殃」同一語氣。鄒衍雖談五德組始之運，卻也沒有說到天志。《雞冠子．學問》所記底「九道」，似為秦朝前後底道士所必學，其存到今日底還可以找出「道德」、「陰陽」、「天官」。「神徵」四道來。神徵是講天人感應底，這與道家底思想是很晚出，也不是固有的。

天人感應在先秦時代主張得最熱烈的便是墨子。墨家思想在漢時為儒家所壓制。當時能與儒家抗衡底便是黃老道，許多派別都在它底蔭下得以儲存，故墨者也就歸附在裡頭。道教和墨教底關係在它底感應論。我們將《太上感應篇》來和健於》底《法倒、《天志＊《明鬼》諸篇比較一下，就覺得其中相同的觀念很多。健子啡攻》文裡列舉許多機樣，《天志湖告以「知天鬼之所福，而避天鬼之所增，比求興天下之利而陳天下之害」。擁鬼》說：「今吾為祭相也，非直注之於汙壑而棄之也，上以交鬼之福，下以合歡聚眾，取親乎鄉裡。」《感應篇》開首一句說：「禍福無門，唯人自召。善惡之報，如影隨形。是以天地有司過之神，依人所犯輕重以奪人算。」這與《法儀》「愛人利人者，天必福之；惡人賊人者，天必禍之；日殺不辜者，得不祥焉」是一樣的意思。又祈福底事，亦為墨者所不禁，這在《天志篇》裡說得很明白。祈禳本為宋國所重，墨子生於宋，故他底門徒多習祝史之事。道德家本不主祈德，因為這是巫祝底事，不是學清靜無為底人所當為。但自墨道參入後，祝捷幾乎占領道家實行方面底全部！秦漢間底方士都能祈禳，攤南》有土龍求雨之文，董子甚且以儒家實行這事。祈壞之法到後來越盛，依《神仙傳．王遠傳》所記，則漢桓帝時，學神仙底已教人用符法模災治病了。漢魏道教徒所知底神仙不過如《神仙傳湖載九十二人嚴著者把墨子也入仙班，是一件很可注意的事。到五代時候，道士中還有會「墨子術」底，我們在史乘中找出底下一段話。

是時魏州妖人楊千郎用事，自言有「墨子術」。能役使鬼神，化丹砂水銀。莊宗頗神之，拜千郎為檢校尚書郎，賜紫。其妻出入宮禁，承恩寵，而士或因之以求官爵。

（《新五代史》卷十四，太祖子）墨子曾否能使役鬼神，化丹砂水銀，我們不知道，但從傳說中，我們知道他底技術很好，能做木鳶和軍用的器具。宋道書中還有《太上墨子枕中記卜卷，言夜形幻化之術，可見墨子也被道教徒當做神仙看待。

黃老道家既和墨家信機樣折攘和感應說，於是後來底道教做出滿天神靈來。道教今日所奉諸神，一方面是從古代的神話流衍下來，一方面是從陰陽五行底攘星禮鬥發展出來。中國古人底崇拜對象說是天地，其實是以日為主，故《祭義》說「郊之祭，大報天而主日」。日是天底代表形象，是生生之本，故為親把底主體。所以天子封禪每祭日，盟會諸侯時亦指日為誓。古時祭日應在東方，時間在春，因為東方是「震」地，為《說卦》所說萬物出生之向。拜日星底禮，由來是很早的。古時致茶之地多在高處，《史記．封禪書》說：「自古以雍州積高，神明之眼，故立峙郊上帝，諸神詞皆聚雲。蓋黃帝時嘗用事，雖晚周亦郊焉。其語不經見，措綳者不道。」那時所祭底帝是「東君」、『凍後」、「東是」，即後來五行說流行時底『清帝」。自秦襄公為諸侯（周平王元年），始因雍州舊峙作西峽，柯白帝；秦宣公時，國基已固，始遊禮祭青帝於密峽；靈公三年（周威烈王四年）作吳陽上跨、下峽以祭黃帝、炎帝：於是雍東四峽具備。

秦最先把白帝，大概是秦底世系出於少皡，再溯源而祭太皡、軒轅、神農，初不過是本著舊時祖先崇拜底形式，所謂嚴父配天之老例，本沒有什麼以木德王或以土德王等說，到齊宣威之世，五德組始為五行家所倡之後才有五行配五色帝底說法。秦始皇因為五行家與神仙家底說法，也就採用了「陰陽主運五行相次」底理論。五行相次自然引起天上五行星底敬仰。道教底成立，從秦漢間拜星底禮儀得了許多幫助。漢人也是篤於祭粑求福底，桓寬在昭帝時亟論其過於注重，說：

古者庶人魚寂之祭，春秋修其祖祠，士一廟，大夫三，以時有事於五把，蓋無出門之祭。今富者折名嶽，望山川，推牛擊鼓，戲倡舞像；中者南居當路，水上雲臺，屠羊殺狗，鼓瑟吹竺；貧者雞永五芳，衛保散臘，傾蓋社場。

古者德行求福，故祭掃而寬；仁義求吉，故卜筵而希。

今全俗寬於行而求於鬼；怠於禮而篤於祭；饅親而貴勢，至妄而信日，聽馳言而幸得，出實物而享虛福。

古者君子夙夜事革思其德，小人晨昏孜孜思其力，故君子不素準，小人不空食。世俗飾偽行詐，為民巫祝，以取厘謝，堅額健舌，或以成業致富，故憚事之人，釋本相學，是以街巷有巫，閭裡有祝。（《鹽鐵論．散不足》）重祭重巫就是促成道教成為一個有組織的團體底原因。當時底巫洞很多，都是與五行有關係底。

漢高帝二年因秦末立峙把黑帝，乃立北峽以湊足五帝底數目。劉氏，據《左傳》所記世系出自高辛，並非高陽，俄五行論，他是以火德王，應當把炎帝，依祖先崇拜，應當把帝吉，故知立北峙只為湊足五帝之數而已。我們因此可以知道用青。黃、赤、白、黑請名加於古帝名上是出於五行論盛行之後。由祖先而附麗於方位，由方位而上同於五星，故漢代祭把底對象幾乎全是星辰。高祖四年所立底洞，除河巫相飼河，南山巫飼柯秦二世外，其餘如貴尤訶、梁巫相、晉巫調、秦巫柯、荊巫打。九天巫調乃至各郡國縣所立之靈星們都是以祭星為主底。武帝時方士又奏打太一，說：「天神資者太一，住日五帝。」太一依《春秋合誠圖》和《樂汁徵圖》，是紫微垣底一星，因其居北極天樞，為眾星所拱，大有君臣之象，所以說五帝為太一佐。

漢朝拜星與現在道教所奉諸神有關係。群星底人格實現，是漢人最普遍的信仰。《拾遺記》載劉向校書天祿閣，有黃衣老人自言是「太一之精天帝」；《搜神記》載董永取織女，諸如此類，不能細述。張角作亂，亦以「蒼天已死，黃天當立，歲在甲子，天下大吉」為辭。蒼天、黃天即九天巫詞所詞，實際也是祭星底。祭星禮鬥為漢人一般的宗教，道教湊巧成立於這時候，因此用來號召百姓。現在所謂「玉皇上帝」、「文昌」。「鬥姆」、「司命」、「福德」等等，無一不是從那時候底拜星禮節留下來底。關於道教底神聖，名號無數，尤其是在佛教密宗傳入後，道士們為要與佛爭雄，隨意造了許多難知難解的天尊與元君底名字。《諸師真治》、社清眾經諸真聖祕》、仁洞讚頌靈章》等書滿填了他們底名字，有工夫底人可以一讀。

方士講長生用藥方和祈禳是開道士用符咒底先河，道教有今日的組織也是在此。《後漢書》（一百一）蜂甫嵩傳》載知鹿張角奉事黃老道，自稱「大賢良師」，畜養弟子，跪拜首過（懺悔）。他用符水咒說療疾，因百姓底信服，乃遣弟子於四方傳「善道」數十年。又《劉焉傳》（《後漢奶一百五）載張陵之孫張魯於順帝時客於蜀，學道於鶴鳴山中，造作符書，受其道者出米五斗，故名「五斗米道」。此道傳自張陵（第一代天師）。陵傳子衡，衡傳於魯，遂自號「師君」。學者初名「鬼卒」後號「祭酒」，領部眾多者曰「埋頭」，皆教以誠信，不聽欺妄，有病但令首過而已。諸祭酒各起義舍於路邊，專懸米肉以給行旅，以為食者當量腹取足，過多，鬼就能使他生病。烹乎中，妖賊大起，其中以漢中有張修持五斗米道，張角持太平道是最著。太平道師特九節杖為符祝，令病人叩首思過，因以符水給病人喝，若病好了就是通道，若是不好，便是不信底徵驗。張修則施靜室使病人思過，祭酒主以《老子》五千文使人都習，號「奸令」。又立「鬼吏」，使主為病人祈禱，書寫病人名字，說服罪之意，使病家出米五斗為公用。這兩派底道教才是現在道教底正祖。道教底天師世居江西龍虎山，傳到六十三代張錫齡，於民國十六年，為政府驅逐，去天師號，天師底流傳從此可算斷絕了。

道教思想和道教底形成我們已在上頭略知一二，我們從所知底看來，道教底成分，雖然非常地複雜，可是教中一切禮儀與思想都可以找出他們底來源。好像北京底磨刀匠，同一是種職業，而他們當中有搖驚閨葉底，有拍馬屁底，從他們痛幌子可以知道前者是從前為閨秀磨鏡或繡剪底，後者是從前為軍營磨軍刀底，現在兩樣積都變一樣了；道教底形成也是如此。中國一般的思想就是道教底晶體，一切都可以從其中找出來。

十六年五月改舊稿於海淀

電子書購買

爽讀 APP

國家圖書館出版品預行編目資料

許地山的道教史：流派分歧與思想探究 / 許地山著 . -- 第一版 . -- 臺北市：複刻文化事業有限公司 , 2024.06

面；　公分

POD 版

ISBN 978-626-7426-78-4(平裝)

1.CST: 道教史

238　　113006645

許地山的道教史：流派分歧與思想探究

臉書

作　　者：許地山

發 行 人：黃振庭

出 版 者：複刻文化事業有限公司

發 行 者：複刻文化事業有限公司

E-mail：sonbookservice@gmail.com

粉 絲 頁：https://www.facebook.com/sonbookss/

網　　址：https://sonbook.net/

地　　址：台北市中正區重慶南路一段 61 號 8 樓

8F., No.61, Sec. 1, Chongqing S. Rd., Zhongzheng Dist., Taipei City 100, Taiwan

電　　話：(02) 2370-3310　　　傳　　真：(02) 2388-1990

印　　刷：京峯數位服務有限公司

律師顧問：廣華律師事務所 張珮琦律師

定　　價：299 元

發行日期：2024 年 06 月第一版

◎本書以 POD 印製